EL LENGUAJE DE LOS
SUEÑOS

EL LENGUAJE DE LOS
SUEÑOS

GUÍA VISUAL DE LOS SUEÑOS Y SU INTERPRETACIÓN

DAVID FONTANA

Ilustraciones de Peter Malone

BLUME

BLUME

Título original:
The Language of Dreams

Traducción:
Jorge González Batlle

Revisión técnica de la edición en lengua española:
Beatriz Abellán
Psicóloga

Coordinación de la edición en lengua española:
Cristina Rodríguez Fischer

Primera edición en lengua española 2003

© 2003 Naturart, S.A. Editado por Blume
Av. Mare de Déu de Lorda, 20
08034 Barcelona
Tel. 93 205 40 00 Fax 93 205 14 41
E-mail: info@blume.net
© 1999, 2003 Duncan Baird Publishers, Londres
© 1994, 2003 del texto, David Fontana

I.S.B.N.: 84-8076-463-5

CONSULTE EL CATÁLOGO DE PUBLICACIONES *ON-LINE*
INTERNET: HTTP://WWW.BLUME.NET

CONTENIDO

Contenido

Contenido

Contenido

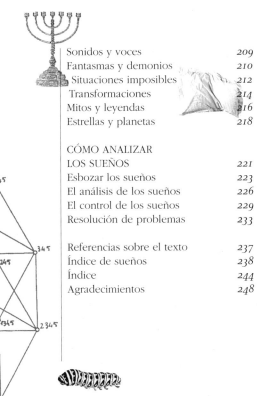

Contenido

EL MUNDO
DE LOS SUEÑOS

Vivimos en dos mundos: el mundo de la vigilia, con sus leyes científicas, lógicas y sociales; y el mundo de los sueños, esquivo y misterioso, donde predominan las situaciones, las imágenes y las transformaciones de carácter fantástico. A menudo, las experiencias oníricas aparecen impregnadas, además, de cierta carga emotiva o premonitoria que supera incluso las vivencias mismas de la vigilia.

Históricamente, la mayoría de las culturas han considerado que los sueños proceden del exterior y que constituyen mensajes divinos. Hasta hace relativamente poco tiempo, la gente todavía tendía a interpretar la aparición de los seres terroríficos que pueblan las pesadillas como una especie de demonios que intentaban seducir a las almas inocentes. Estas interpretaciones, ya obsoletas, se analizan en la primera parte de este capítulo.

El estudio moderno de los sueños se inició con Sigmund Freud (1856-1939), quien ubicó los sueños en el inconsciente, donde se encuentran nuestros instintos y deseos reprimidos.

Los sueños a lo largo de la historia

A su vez, las revolucionarias teorías de Carl Jung (1875-1961) sobre los arquetipos y el inconsciente colectivo supusieron, en cierta medida, una respuesta directa a los postulados freudianos.

Obviamente, la influencia de estas dos ilustres figuras en un libro sobre los sueños como éste es desde luego más que notable.

La identificación en 1953 de la fase del sueño REM (siglas de «movimiento rápido de los ojos» en inglés) supuso el punto de partida del estudio científico de los sueños en lo que respecta a su fisiología y a su relación con el descanso. En la última parte de este capítulo se analiza precisamente esta relación y el modo en que en estos últimos años se ha abordado el estudio en diversos laboratorios del sueño de la precognición de los sueños, que antaño estuvo reservada a los místicos y los charlatanes.

LOS SUEÑOS A LO LARGO DE LA HISTORIA

A lo largo de su historia, la humanidad se ha afanado en desentrañar el significado de los sueños buscando en ellos posibles claves que pudieran explicar el presente o incluso el futuro. Las antiguas civilizaciones creían que los sueños tenían por finalidad transmitir mensajes de los dioses y, en este sentido, se han conservado diversas tablillas cuneiformes asirias y babilónicas, que se remontan a finales del cuarto milenio antes de nuestra era, en las que se nos muestra una sociedad cuyos sacerdotes y reyes recibían avisos del dios Zaqar a través de los sueños. La *Epopeya de Gilgamés*, el gran ciclo poético sobre este mítico héroe y rey mesopotámico escrito en lengua acadia en el primer milenio antes de nuestra era, está repleto de sueños con profecías divinas de victorias y peligros inminentes.

La antigua tradición hebraica se anticipó en cierta medida a las modernas teorías sobre los sueños al reconocer que, a la hora de interpretar los sueños, las circunstancias personales del individuo que sueña son tan importantes como el contenido de los sueños en cuestión.

Los sueños a lo largo de la historia

Los sueños a lo largo de la historia

En el siglo VI a. C., el profeta Daniel acertó con su interpretación de uno de los sueños de Nabucodonosor, por aquel entonces rey de Babilonia, al predecir los siete años de locura que habría de padecer el soberano (Daniel, 4, 16). Otro personaje bíblico, José, que había sido vendido como esclavo en Egipto, logró alcanzar un alto cargo después de haber interpretado con éxito un sueño del faraón en que se presagiaban siete años de prosperidad y otros siete de miseria en el Imperio (Génesis, 41, 29).

Los griegos construyeron más de trescientos santuarios a modo de oráculos para interpretar los sueños.

Los sueños a lo largo de la historia

Los mortales que acudían a ellos se sometían a los poderes soporíferos de Hipno, el dios del sueño, de manera que, una vez adormecidos, el dios Morfeo pudiera comunicarse con los interesados avisándoles o profetizándoles ciertos sucesos a través de los sueños. Un gran número de estos oráculos se convirtieron, además, en importantes centros de curación a los que acudían las personas aquejadas de alguna enfermedad para dormir a la espera de que les visitase Asclepio (el Esculapio de los romanos), el dios de la medicina. Éste les proporcionaba remedios para sus dolencias (a veces incluso de efectos inmediatos) mientras los interesados dormían rodeados por unas inofensivas serpientes de color amarillo.

Platón, el gran filósofo griego del siglo IV a. C., estaba convencido de que el hígado era el centro de los sueños y, si bien atribuía algunos sueños a los dioses, otros los relacionaba con lo que en su obra *La república* definió como la «naturaleza de bestia salvaje e ingobernable que asoma en los sueños». Si Platón se anticipaba así en más de dos mil años a los postulados de Freud, su discípulo Aristóteles hizo lo propio con el racionalismo científico del siglo xx al sostener que los sueños se debían a causas estrictamente sensoriales.

No obstante, a pesar de lo sensato de tales voces, lo cierto es que la creencia popular en el poder premonitorio de los sueños continuó estando muy arraigada.

En el siglo ii d. C., el sofista Artemidoro de Daldis compiló todo el saber de los siglos precedentes en cinco libros sobre los sueños que ejercieron una gran influencia en autores posteriores, los *Oneirocritica* (del griego *oneiros*, «sueño»). En ellos, Artemidoro destaca la importancia que reviste la personalidad del soñador a la hora de interpretar sus sueños, al tiempo que estudia la naturaleza y la frecuencia de los símbolos sexuales.

La tradición oriental sobre los sueños es mucho más filosófica y contemplativa que la occidental, y pone más énfasis en el estado mental de la persona que sueña que en el poder premonitorio de los sueños. Los sabios chinos llegaron a la conclusión de que la consciencia presentaba diversos niveles, y a la hora de interpretar los sueños tenían en cuenta tanto el estado físico y el horóscopo de la persona que soñaba como

Los sueños a lo largo de la historia

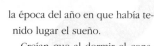

Los sueños a lo largo de la historia

la época del año en que había tenido lugar el sueño.

Creían que al dormir el consciente abandonaba el cuerpo para viajar por otros mundos más allá del físico, de ahí que consideraran muy peligroso despertar a una persona de forma brusca, antes de que la mente y el cuerpo se hubieran vuelto a unir.

Los *rsis* o videntes indios creían también en la multiplicidad de la consciencia al distinguir entre estado de vigilia, descanso con sueños, descanso sin sueños y *samadhi*, la dicha que sigue a la iluminación. La tradición hindú subraya asimismo la importancia de las imágenes oníricas individuales y las sitúa dentro de un sistema más amplio al incorporar atributos simbólicos asociados a las divinidades y los demonios. La creencia hindú de que determinados símbolos son universales mientras que otros son privativos de cada persona que sueña anticipa los postulados tanto de Freud como de Jung.

En la tradición occidental, pocos fueron los progresos que se realizaron en el terreno de los sueños en los siglos inmediatamente posteriores a Artemidoro. Los árabes, sin embargo, muy influenciados por la sabiduría oriental, elaboraron diccionarios de sueños, así como un sinfín de interpretaciones para ellos. De hecho, el profeta Mahoma salió de la oscuridad para fundar el islam después de tener un sueño en el que se le aparecía el arcángel Gabriel, y en lo sucesivo los sueños adquirieron una notoria relevancia en la ortodoxia religiosa islámica.

La creencia de que los sueños son de inspiración divina se mantuvo vigente en los primeros siglos del cristianismo, por lo que no resulta extraño que en el siglo IV esta creencia apareciera mencionada de forma expresa en la obra de padres de la Iglesia como san Juan Crisóstomo, san Agustín o san Jerónimo. No obstante, a finales de la Edad Media la Iglesia ya había descartado la posibilidad de que Dios se comunicara a través de los sueños, al sostener que las revelaciones divinas sólo podían tener lugar en o a través de la propia Iglesia.

Sin embargo, la interpretación de los sueños estaba demasiado arraigada en la tradición popular como para erradicarla de un día para otro. A partir del siglo XV, gracias a la aparición y la difusión de los primeros libros impresos por toda Europa, proliferaron los diccionarios de sueños, en su mayoría basados en la obra de Artemidoro. Y en el siglo XVIII,

Los sueños a lo largo de la historia

a pesar de que los racionalistas ilustrados sostenían que la interpretación de los sueños era una manifestación más de las supersticiones primitivas, el interés popular por todo lo relacionado con ellos aumentó.

Por si fuera poco, los sueños empezaron a ser un tema recurrente en la literatura y en el resto de disciplinas artísticas desde el momento en que los nuevos románticos, liderados por visionarios de la talla de William Blake o Goethe, pusieron de nuevo el énfasis en la importancia de lo individual y en el poder creativo de la imaginación.

En la Europa decimonónica, incluso filósofos como Johann Gottlieb Fichte (1762-1814) y Johann Friedrich Herbart (1776-1841) empezaron a considerar los sueños como algo digno de ser estudiado desde un punto de vista psicológico, lo que allanó el camino a las revolucionarias teorías sobre la interpretación de los sueños propuestas a finales de siglo por Sigmund Freud (1856-1939). En 1899, Freud publicó su monumental obra *La interpretación de los sueños* (*véanse* págs. 48-55) después de que sus estudios neurológicos le convencieran del papel clave que desempeñaban los sueños a la hora de acceder al inconsciente o el «ello», que

Freud identificaba con el centro de los deseos y los impulsos, en su mayoría de naturaleza sexual, que la consciencia suele reprimir.

En ese sentido, creía que la mayor parte de los sueños son, en realidad, meras realizaciones de deseos o manifestaciones de ideas reprimidas que se abren paso hasta la consciencia en el momento en que el yo (el ego) se relaja al dormir. Freud desarrolló diversas técnicas de psicoanálisis con la finalidad de poder interpretar el simbolismo codificado de las imágenes que aparecen en los sueños, algo que consideraba imprescindible para acceder al inconsciente.

Las teorías sobre los sueños del psicólogo suizo Carl Jung (1875-1961) representan un importante contrapunto con respecto a las de Freud. Según la teoría de Jung sobre el «inconsciente colectivo» (*véase* pág. 57), la mente alberga en su interior un inmenso depósito de símbolos con los que todos nosotros construimos nuestros sueños. Dentro de ese inconsciente colectivo se hallan los «arquetipos» (*véase* pág. 65), una serie de imágenes y temas recurrentes interiorizados que configuran los mitos y los sistemas religiosos y simbólicos de todo el mundo, al tiempo que pueblan nuestros sueños más universales.

Los sueños a lo largo de la historia

Los sueños a lo largo de la historia

Si bien en los últimos tiempos ha surgido un gran número de nuevas técnicas de interpretación de sueños, es indudable que el psicoanálisis freudiano y el análisis propuesto por Jung continúan siendo la base sobre la que se asienta el estudio psicológico a través de los sueños y sus significados simbólicos.

El gran hito en el campo de las investigaciones sobre los sueños de la segunda mitad del siglo xx fue el descubrimiento en 1953 de la fase del sueño REM (*Rapid Eye Movement*), en la que se dan los sueños más intensos (*véase* pág. 23), de manera que si a una persona se la despierta durante esta fase, el recuerdo de los sueños será mucho más vivo y, por consiguiente, resultará mucho más fácil analizar las imágenes, los símbolos y otros elementos psíquicos que aparecen en nuestra mente mientras dormimos.

Sin embargo, aún queda mucho por recorrer hasta que podamos hablar de una ciencia de los sueños madura y consolidada. Entretanto, los investigadores van construyendo a través de los talleres de sueños y otras modalidades de análisis todo un corpus de casos reales que se espera que conforme una valiosísima fuente de investigación para los científicos de los sueños del mañana.

LOS SUEÑOS Y EL DESCANSO

Es un hecho sabido que la práctica totalidad de las personas sueñan. Aunque la mayoría de nosotros olvidamos gran parte o todos los sueños que hemos tenido durante la noche, lo cierto es que solemos soñar alrededor de una quinta parte del tiempo total que dormimos.

La mayoría de nuestros «grandes» sueños tienen lugar en la fase REM del sueño (durante la cual los globos oculares realizan unos rápidos movimientos rítmicos) y suelen venir acompañados de una trama, una serie de símbolos y un escenario onírico bien detallado. En el momento en que nos quedamos dormidos y justo antes de despertar nos vienen a la mente las fugaces imágenes de lo que conocemos como sueños «hipnogógicos» e «hipnopómpicos» (*véase* pág. 27). También soñamos en otras fases a lo largo de la noche, y aunque algunos de esos sueños no se diferencian en nada de los de la fase REM, en su mayoría son fragmentarios, menos intensos, con un significado menos evidente, y rara vez los recordamos al despertarnos.

Además de la fase REM, cabe distinguir otras cuatro fases más en el sueño, y cada una de ellas se caracteriza por ir acompañada

Los sueños y el descanso

de unas actividades psicológicas y unos ritmos cerebrales específicos.

Durante el primer cuarto de hora, se va descendiendo de forma progresiva por cada una de estas etapas antes de pasar alrededor de una hora en la cuarta fase, la más profunda. Tras ella, se asciende de nuevo a la primera, y es precisamente a esta altura del sueño cuando tiene lugar el primer episodio REM, que suele durar unos diez minutos. Una vez finalizado, el proceso de descenso y ascenso se va repitiendo entre cuatro y siete veces, si bien rara vez se alcanza un estado tan profundo como el de la cuarta fase. Los episodios REM se van haciendo cada vez más largos, de manera que el último de ellos puede llegar a durar hasta cuarenta minutos.

Durante los episodios REM la actividad del cerebro, los niveles de adrenalina, el pulso y el consumo de oxígeno son muy similares a los del estado de vigilia, si bien el tono muscular se relaja y a veces es muy difícil despertar a la persona que duerme. Es precisamente durante los episodios REM cuando tiene lugar la mayoría de los sueños. Se ha comprobado que la ausencia de episodios REM se traduce en irritabilidad, fatiga, pérdida de memoria y falta de concentración durante el día.

Varios voluntarios a los que se les privó de estos episodios despertándolos justo cuando los globos oculares empezaban a moverse rápidamente tuvieron en las noches sucesivas más cantidad de episodios REM de lo normal. De ello se deduce, pues, la imperiosa necesidad del ser humano de pasar por dichos episodios, lo que bien podría estar relacionado con la necesidad psicológica de soñar.

Recientemente se ha demostrado que los sueños que tienen lugar durante la fase REM presentan un contenido más visual que los de las otras fases. Se cree incluso que el movimiento de los globos oculares que caracteriza estos episodios podría estar sincronizado con el transcurso mismo de los sueños, lo que significaría que el cerebro no distingue entre las imágenes visuales de los sueños y las que percibimos cuando estamos despiertos. Esto mismo podría aplicarse también al resto de las sensaciones que experimentamos al soñar, de ahí que un estímulo del exterior, como un ruido repentino o un destello fugaz de luz, pueda llegar a incorporarse al sue-

Los sueños y el descanso

Los sueños y el descanso

ño y «racionalizarse» de manera que encaje con su contenido.

Por muy reales que sean las experiencias vividas en los sueños, hay algo que nos impide llevar a cabo las acciones y sentir con total implicación las emociones que en ellos se viven. Durante la fase REM se experimenta una pérdida general del tono muscular y, de hecho, lo único que parece participar físicamente de los sueños son los globos oculares. Se ha demostrado que cuando los sueños alcanzan su máximo grado de intensidad entran en juego unos inhibidores que impiden que los músculos reciban impulsos del cerebro, de modo que no podamos reaccionar a los estímulos sensoriales experimentados en los sueños. Tal vez sea esta parálisis muscular la que origina sensaciones tan propias de los sueños como la de intentar gritar y no poder, o la de querer caminar y no ser capaz por estar atrapado en la arena o el agua. En cierta forma, es como si el cerebro nos impidiera movernos cuando estamos dormidos con la energía y la agilidad que experimentamos en los sueños.

⭐ ENTRE
EL DESCANSO Y LA VIGILIA

Frente a la vívida intensidad de los sueños de la fase REM, las imágenes que visitan nuestra mente tanto al quedarnos dormidos como antes de despertar discurren entre los límites mismos del sueño y el estado de vigilia. Frederick Myers, uno de los investigadores británicos pioneros en el estudio del inconsciente, acuñó los términos «hipnogógico» e «hipnopómpico» para referirse a los sueños que se tienen justo antes de quedar dormidos y nada más despertarnos, respectivamente.

En el momento en que una persona se queda dormida, su cerebro emite los acompasados ritmos alfa propios de un estado de profunda relajación, y tanto el pulso como la respiración se vuelven más lentos, al tiempo que desciende la temperatura corporal. A continuación, los ritmos alfa empiezan a espaciarse y se entra de lleno en la primera fase del sueño, en que por unos momentos la mente se ve bombardeada por unos extraños sueños alucinatorios, propios del estado hipnogógico. En realidad, más que sueños propiamente dichos se trata de visiones, ya que carecen de la complejidad narrativa y las resonancias emocionales que

Entre el descanso y la vigilia

27

caracterizan los sueños de las fases más profundas.

Las últimas investigaciones llevadas a cabo en torno a los sueños hipnogógicos se han centrado en la precisión de sus imágenes. Además de los escenarios, los objetos y los caracteres propios de los sueños de la fase REM, las imágenes hipnogógicas dan cabida a formas imprecisas como ondas de color, diseños, dibujos o palabras, a menudo de un idioma extranjero o antiguo, o incluso de uno imaginario. Además, los rostros arquetípicos de escrutadores ojos entran y salen caóticamente de escena, al igual que los personajes de los cómics, y en ocasiones las imágenes aparecen vueltas boca abajo o invertidas, como si se reflejaran en un espejo.

Las experiencias hipnopómpicas comparten un gran número de características con las hipnogógicas, y algunas de ellas persisten unos instantes cuando la persona se despierta. Se conoce el caso de gente que al despertarse de un sueño hipnopómpico ha visto unas figurillas bailando alrededor de la cama o se ha encontrado con un paisaje totalmente surrealista y desconocido al mirar a través de la ventana del dormitorio. Y los testimonios de alucinaciones auditivas son todavía más numerosos que los de tipo vi-

Entre el descanso y la vigilia

sual tanto en el estado hipnogógico como en el hipnopómpico.

Voces que advierten de desastres inminentes, misteriosos fragmentos de un diálogo o compases de una música encantadora se pueden oír con la misma claridad que si viniesen de la propia habitación. Asimismo, son muy frecuentes las sensaciones táctiles y olfativas.

Buena parte de las más recientes investigaciones llevadas a cabo han tenido por objeto explicar precisamente la naturaleza alucinatoria, a menudo como salida de un estado de trance, de los sueños hipnopómpicos e hipnogógicos analizando el papel que desempeña el ego en ese estado en que la consciencia fluctúa entre el sueño y la vigilia. Se ha sugerido la posibilidad de que los sueños hipnogógicos premonitorios son el resultado del intento del ego por recuperar el control de los procesos de pensamiento después del rápido cambio que tiene lugar en la consciencia como consecuencia de la pérdida de contacto con la realidad de la vigilia.

El psicólogo estadounidense Andreas Mavromatis ha sugerido la posibilidad de que tanto las experiencias hipnopómpicas como las hipnogógicas actúen como inhibidores de la ansiedad, al alejar de la mente de

Entre el descanso y la vigilia

la persona las preocupaciones y las tensiones de la vida en estado de vigilia, y facilitar así el desarrollo personal.

Al dejar a un lado la complejidad narrativa y emocional de los sueños de la fase REM, así como las restricciones propias del pensamiento, este tipo de sueños permite profundizar en el conocimiento del propio inconsciente. Por otro lado, al comparar, contrastar y seleccionar todo el material almacenado en la mente, se genera toda una serie de percepciones creativas que afloran a la consciencia sin que se sepa de dónde proceden.

SUEÑOS LÚCIDOS

Fue Jung el primero en plantear la teoría de que el ser humano sueña constantemente, pero que las distracciones de la vida en estado de vigilia le impiden tomar consciencia de ello. Recientemente se ha demostrado que los mecanismos físicos de la fase REM quedan inhibidos durante el día, pero no acaban ahí las pruebas que confirman la teoría de Jung. Nos referimos a la vigilia en medio del sueño, un fenómeno que se conoce con el nombre de «sueño lúcido».

La investigadora británica Celia Green ha destacado varias diferencias fundamentales entre el sueño lúcido y el que no lo es, este último mucho más frecuente. Según parece, los sueños lúcidos no poseen la irracionalidad y la desarticulación narrativa del estado no lúcido, y en ocasiones se pueden recordar con gran precisión.

Por otro lado, durante este tipo de sueños se tiene acceso a todas las funciones de la memoria y el pensamiento propias de la vigilia, por lo que no se percibe diferencia alguna entre estar dormido o despierto.

Por lo general, la aparición de elementos imprecisos o ilógicos en los sueños conven-

Sueños lúcidos

Sueños lúcidos

cionales hace que, de repente, la persona que los tiene cobre conciencia de que está soñando. La extraña agitación a la que van asociados los sueños hace de la situación una experiencia inconfundible. Los colores adquieren un brillo intenso y los objetos se muestran con una nitidez meridiana, superior incluso a la percepción en estado de vigilia. Pero lo más extraordinario de todo es la capacidad de controlar el transcurso de los sueños, a través de la cual se decide adónde ir y qué hacer, así como de experimentar con el escenario en que tienen lugar.

Ahora bien, lo cierto es que nunca se llega a tener un control absoluto sobre los sueños lúcidos. Así, aunque la decisión de, por ejemplo, visitar una isla tropical en sueños sea de la propia persona, una vez allí la isla le resultará tan extraña y sorprendente como si la estuviera viendo por vez primera en la vida real.

Según parece, en los sueños lúcidos el consciente y el inconsciente se comunican entre ellos trabajando de forma coordinada, de ahí que, al llevar un sueño lúcido al control de la mente consciente, se alcance un alto grado de autoconocimiento.

El hecho de ser consciente del curso de un sueño, o incluso de poder controlarlo, permite hacer frente a los temores y deseos que hay en él. Las personas que tienen sueños lúcidos, en lugar de echar a correr ante las fuerzas oscuras que aparecen en algunos sueños, son capaces de atraer dichos demonios para hacerles frente, siendo conscientes en todo momento de que al tratarse de meros sueños no hay razón alguna para temerlos. Al hacer frente a esos temores en el inconsciente, no sólo se consigue reducir el terror que transmiten, sino que incluso se puede llegar a reconducir su carácter terrorífico y convertirlo en algo positivo.

Complementario del sueño lúcido, y en cierto modo una especie de punto intermedio con respecto a éste, está el fenómeno del llamado «falso despertar». Los sueños que tienen lugar en él también se perciben con una gran claridad, si bien en este caso no se

Sueños lúcidos

tiene consciencia de estar soñando, más bien de todo lo contrario, de que se está despierto. De ahí que no sea extraño soñar con todo detalle el momento de levantarse de la cama, ducharse, desayunar e ir al trabajo para, al cabo de un tiempo, despertarse de golpe y darse cuenta de que no se ha hecho nada de eso.

Los sueños lúcidos resultan de gran ayuda a los investigadores a la hora de intentar averiguar si todo lo que acontece en un sueño transcurre en tiempo real o bien en un período de tiempo condensado. Las investigaciones llevadas a cabo por Stephen Laberge, de la Universidad de Stanford, California, en las que diversas personas con sueños lúcidos movían los globos oculares para de ese modo indicar que pasaban de una fase a otra de un sueño previamente acordado, sugieren que el tiempo de los sueños se aproxima bastante al tiempo real.

PRECOGNICIÓN Y PES

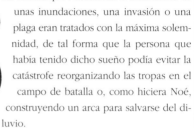

La creencia en el poder premonitorio de los sueños es tan antigua como la propia historia. En numerosas civilizaciones antiguas, los sueños que vaticinaban la inminencia de unas inundaciones, una invasión o una plaga eran tratados con la máxima solemnidad, de tal forma que la persona que había tenido dicho sueño podía evitar la catástrofe reorganizando las tropas en el campo de batalla o, como hiciera Noé, construyendo un arca para salvarse del diluvio.

Aunque hoy en día domina un claro sentimiento de escepticismo, herencia directa del racionalismo científico del siglo XVIII, lo cierto es que continúan siendo muy frecuentes las historias de supuestos sueños premonitorios, sobre todo en los casos en que implican a familiares o amigos de las personas que los han tenido. El primer estudio serio para tratar de determinar si los sueños pueden o no anunciar hechos del futuro lo llevó a cabo John William Dunne.

En 1902, este ingeniero aeronáutico de nacionalidad británica tuvo un sueño en el que vio cómo entraba en erupción el volcán

Pelée, en la Martinica, tal como efectivamente sucedió al poco tiempo.

En el sueño, Dunne avisó a las autoridades francesas de que el volcán estaba a punto de entrar en erupción y de que, en caso de hacerlo, podrían fallecer hasta cuatro mil personas. Cuál no sería su sorpresa cuando poco tiempo después leyó en un periódico que el volcán había entrado en erupción y había causado la muerte a cuarenta mil personas, y no a las cuatro mil que él había soñado. Con el tiempo, llegó a la conclusión de que lo que le había alertado del desastre no era la visión del volcán, sino la experiencia precognitiva de haber leído el artículo en el diario y de equivocarse al leer el titular donde figuraba la cantidad de víctimas.

Basándose en otros sueños precognitivos, Dunne llegó a la conclusión de que la frecuencia y, en ocasiones, gran precisión de sus premoniciones no se explicaban por una mera coincidencia, sino por la capacidad del ser humano de poder ir hacia delante o hacia atrás en el tiempo en el momento de soñar, tesis que expuso en su libro *An Experiment with Time*, publicado en 1992.

En 1971, Montague Ullman y Stanley Krippner, miembros del equipo del Maimonides Dream Laboratory de Nueva York, de-

sarrollaron un método para poder estudiar los sueños precognitivos en un laboratorio.

Para ello, seleccionaron a Malcolm Bessant, un inglés dotado de una especial sensibilidad para las experiencias precognitivas. Antes de irse a dormir, los científicos le dijeron que al día siguiente se le expondría a una «peculiar experiencia multisensorial en el momento de despertar» escogida al azar, que podía consistir desde mostrarle un fuego a darle algo de chocolate para comer

con una determinada sinfonía como música de fondo, por poner dos ejemplos.

Una vez dormido, le fueron despertando justo después de cada episodio REM para anotar lo que acababa de soñar y, después de reunir todos los sueños, unas personas ajenas al experimento los interpretaron y observaron que todos ellos estaban relacionados con las «peculiares experiencias» a que fue sometido justo al despertar.

Éste y otros experimentos fueron todo un éxito. De los doce proyectos que el equipo del Maimonides Dream Laboratory llevó a cabo entre 1966 y 1972, nueve de ellos dieron resultados positivos. A lo largo de los años setenta y los ochenta, este mismo equipo realizó diversos experimentos para poner a prueba manifestaciones más genéricas de PES en sueños, como la telepatía o la clarividencia, valiéndose para ello de reproducciones de célebres obras de arte. Un «agente», situado en una habitación o un edificio separado de donde se hallaba el sujeto del experimento, tenía que concentrarse en una de las imágenes escogidas al azar e intentar «transmitirla» a la persona que dormía, de manera que ésta la incluyera en alguno de sus sueños. Una vez más, los resultados fueron sorprendentes, ya que los psicólogos lograron un índice de aciertos de un 83,5 % en un total de doce experimentos.

Los investigadores han reunido una gran cantidad de sueños premonitorios aparentemente relacionados con el hundimiento del *Titanic*. De modo similar, el anuncio publicado en la prensa británica referente a sueños relacionados con la tragedia de Aberfan, una población minera de Gales que quedó enterrada bajo una avalancha de cascotes y en la que murieron 140 personas, dio tales resultados que condujo a la creación, en 1967, de una oficina nacional de premoniciones tanto en Reino Unido como en Estados Unidos.

Los sueños sobre la muerte de seres queridos son todavía más frecuentes. Uno de los más célebres es aquel en que el explorador Henry Stanley, después de ser hecho prisionero en la batalla de Shiloh, durante la guerra de Secesión americana, soñó con todo detalle la muerte inesperada de su tía, que se encontraba en Gales, a unos 6.400 kilómetros de distancia. No menos célebre es el sueño en que Abraham Lincoln asistió a su propia muerte en 1865, tan sólo unos días antes de que el asesino John Wilkes Booth acabara con su vida.

NIVELES DE SIGNIFICADO

Para interpretar los sueños resulta fundamental conocer la estructura de los diferentes niveles de la mente humana. En ese sentido, sigue siendo una referencia indispensable el modelo de cuatro niveles basado en las teorías de Freud y Jung.

La mente consciente está regida por el ego, es decir, el yo que actúa en el mundo exterior. El consciente es la dimensión racional de la mente.

El preconsciente contiene todo el material del que se nutre el consciente, como son datos, recuerdos, ideas o motivaciones.

En **el inconsciente personal** se almacenan los recuerdos medio olvidados y las emociones y los traumas reprimidos, así como los motivos y los impulsos no reconocidos. Es lo que Freud denominó el «ello», la dimensión primitiva e instintiva del ser humano y que debe ser controlada por el ego.

El inconsciente colectivo es un nivel de la mente que se hereda genéticamente y que contiene todo ese cúmulo mental de ideas, símbolos, temas y arquetipos (*véase*

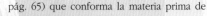

pág. 65) que conforma la materia prima de un gran número de mitos, leyendas y religiones.

Es necesario diferenciar, además, tres clases principales de sueños, cada una de ellas relacionada con uno de los tres niveles inconscientes de la mente:

El **primer nivel** es el más superficial de los tres y se nutre sobre todo de material procedente de la mente preconsciente. Las imágenes de los sueños de este nivel pueden tomarse al pie de la letra.

El **segundo nivel** trabaja con material procedente del inconsciente personal y se vale de un lenguaje simbólico que es distinto en cada persona.

El **tercer nivel** contiene lo que Jung denominó «grandes sueños»; éstos se nutren de material procedente del inconsciente colectivo y trabajan sólo con símbolos y arquetipos.

LA NATURALEZA DE LOS SUEÑOS

¿Son los sueños una especie de revelación procedente de alguna fuente creativa que subyace en lo más profundo del ser humano, o bien el confuso residuo de pensamientos e imágenes que va quedando de lo vivido durante la vigilia?

De todo el mundo, sólo en Occidente se han llevado a cabo intentos para restar valor a nuestros sueños, lo que sin embargo no ha impedido que la ciencia siga sin haber logrado hasta la fecha explicar del todo ni tan siquiera el contexto en el que tienen lugar los sueños, esto es, el período de descanso propiamente dicho.

Desde el descubrimiento de los episodios REM (siglas en inglés del movimiento rápido de los ojos), en 1953 (*véase* pág. 23), los científicos no han dejado de estudiar los sueños en los laboratorios valiéndose para ello de la más moderna tecnología. Y, sin embargo, la pregunta formulada por Freud y Jung en la primera mitad del siglo xx todavía sigue sin respuesta: ¿soñamos para dormir en condiciones o bien dormimos para poder soñar?

La naturaleza de los sueños

43

Si bien los científicos tienden a coincidir al afirmar que los sueños poseen sin duda una finalidad precisa, difieren en cambio a la hora de concretarla. En cualquier caso, en lo que sí coincide un gran número de expertos es en el hecho de que los sueños nos hablan de aspectos importantes de nuestro inconsciente.

Freud sostenía que los sueños no eran sino una especie de mensajes cifrados que el inconsciente crea para dar a conocer al hombre sus deseos e instintos reprimidos. Los seguidores de Jung van más allá al reconocer la existencia de un nivel profundo de la mente, colectivo y creativo (el inconsciente colectivo, *véase* pág. 57), que resulta fundamental para nuestro bienestar y que genera, no sólo las imágenes de nuestros sueños, sino también las de los mitos, leyendas y religiones que la humanidad ha creado a lo largo de su historia. Estos dos enfoques son precisamente las piedras angulares sobre las que se han basado las ideas expuestas en este libro.

Llegados a este punto, vale la pena detenerse un momento para analizar la validez de eso que podríamos llamar «limpieza de la mente». Este concepto se basa en la idea de que, mientras se duerme, se sueña para se-

La naturaleza de los sueños

leccionar y descartar todos aquellos «resi-
duos» mentales que no deseamos, y de que,
por tanto, el contenido de los sueños no es
tan importante como la función de soñar en
sí misma.

Cabe señalar, sin embargo, algunas ob-
jeciones a este enfoque. En primer lugar, el
contenido de los sueños no carece de significado. Está demostrado que los sueños son
fundamentales para conservar una buena salud psíquica y, posiblemente, también física,
y además pueden ser una inestimable ayuda
a la hora de solucionar problemas. Aunque a
primera vista puedan parecer un tanto con-
fusos y caóticos, un análisis pormenorizado
de los sueños llevado a cabo por un espe-
cialista suele revelar una gran cantidad de
significados relacionados con las circunstancias personales de la persona que los ha tenido. Por otro lado, no existe evidencia alguna
de que alguien que haya vuelto sobre sus
sueños y los haya analizado tenga peor salud
psíquica que una persona que no lo haya hecho, sino más bien todo lo contrario.

Nadie que haya llevado un
diario de sueños (*véanse*
págs. 223-225) durante un
período de tiempo razona-
ble debería plantear obje-

La naturaleza de los sueños

La naturaleza de los sueños

ción alguna a la hora de reconocer que los sueños guardan una más que considerable relación entre sí en cuanto historia secreta del individuo, pues esto es lo que son.

Ahora bien, si los sueños contienen mensajes importantes que van del nivel inconsciente de la mente al consciente, ¿por qué olvidamos gran parte de lo que vivimos en sueños? Existen varias teorías al respecto, y una de ellas tiene que ver con la manera en que nos despertamos. Lejos de hacerlo de forma tan súbita como nuestros antepasados, siempre atentos a cualquier peligro procedente del exterior, abandonamos el sueño de forma paulatina en la seguridad de nuestras cómodas camas. Es precisamente en este lento tránsito del sueño al estado de vigilia donde dejamos por el camino gran parte de nuestros sueños. Otra teoría sostiene que sencillamente dormimos demasiado y que las horas que pasamos durmiendo sin soñar borran de la memoria los sueños de esa noche.

Es posible también que la naturaleza desordenada, distraída e indisciplinada de nuestra mente inhiba el recuerdo de los sueños. Se dice que los seguidores de determinadas variantes del esoterismo, tanto hindúes como budistas, son capaces de disfrutar de una consciencia ininterrumpida durante todo el sueño gracias a su dominio de las técnicas de concentración y meditación.

Ello les permite, según se dice, recordar todos sus sueños, ya que no sólo son conscientes de ellos mientras tienen lugar, sino que incluso son capaces de controlar su curso.

Según Freud, la «amnesia onírica» tiene su origen en lo que llamó la «censura», un mecanismo represor de defensa del ego que protege la mente consciente de todo ese cúmulo perturbador de imágenes, instintos y deseos que pueblan lo más profundo de nuestro inconsciente.

Para estudiar los sueños lo único que hace falta es un lápiz, una libreta donde ir anotando los sueños, un despertador en el caso de aquellas personas que tengan dificultad para recordarlos y algunas nociones mínimas sobre la interpretación de los sueños. Provisto de estos mínimos recursos, cualquiera de nosotros puede explorar y profundizar en su propia vida onírica, y llegar así, por sí mismo, a reveladoras conclusiones sobre la función y el valor de los sueños en el conjunto de nuestra existencia.

La naturaleza de los sueños

FREUD Y LOS SUEÑOS

Sigmund Freud (1856-1939) inicia su clásica obra *La interpretación de los sueños* con lo que en 1899 constituía, sin duda, una revolucionaria afirmación: «En las páginas que siguen demostraré que hay una técnica psicológica que permite interpretar los sueños». La moderna psicología de los sueños acababa de nacer.

Freud estudió medicina en Viena. A raíz de sus investigaciones en el campo de la neurología, llegó a la conclusión de que un gran número de neurosis tienen su origen en un nivel de la mente inferior a la consciencia. Tras emprender un minucioso proceso de autoanálisis con la finalidad de seguir explorando esta región de la mente, concluyó que el papel de los sueños es fundamental para acceder a los materiales que en ella se esconden.

En las teorías freudianas sobre los sueños subyace la firme creencia de que la mente procesa esos materiales a distintos niveles. En ese sentido, Freud distingue entre los «procesos primarios», aquellos que operan en la mente soñadora del inconsciente, y los «procesos secundarios», propios del pensamiento consciente.

Según Freud, los procesos primarios convierten los impulsos, deseos y temores del inconsciente en símbolos, con los que se establecen asociaciones que no atienden a categorías como el tiempo y el espacio o lo bueno y lo malo, pues el inconsciente es ajeno a la lógica, los valores o las normas sociales de la vida consciente.

Los procesos secundarios, en cambio, someten los pensamientos a las leyes de la lógica, de igual modo que en cualquier oración rigen las normas gramaticales.

Freud sostiene que los instintos del inconsciente residen en una especie de caos primitivo en el que cada uno busca su propia satisfacción de una forma animal y amoral, totalmente al margen del resto. Para designar esta parte tan primaria de la mente donde residen los instintos más primitivos, como el de la supervivencia y la perpetuidad de la especie, utiliza la expresión «ello».

Según Freud, el ello preside la vida del inconsciente y, en ese sentido, los sueños no son más que la plasmación o la realización imaginaria de los deseos y los instintos.

De todos modos, no surgen directamente de ese cúmulo anárquico de instintos ya que, si lo hicieran, su contenido perturbador y a veces incluso antisocial, y por lo

Freud y los sueños

tanto potencialmente perjudicial desde un punto de vista psicológico, acabaría despertando a la persona que los sueña. De ahí que los sueños se manifiesten sobre todo a través de símbolos.

En el estado de vigilia, esa parte racional de la mente que llamamos ego, basada en la realidad del sentido común y muy aferrada a la moral preestablecida, mantiene a raya los impulsos primitivos del ello. No obstante, al dormir, el ego relaja su control consciente y el ello aflora con fuerza, adueñándose de la mente con su travieso y disparatado orden del día. Para proteger al ego que duerme y evitar que todo ese perturbador afloramiento de instintos acabe despertándolo, disponemos de lo que Freud llamó «censura», una defensa de la mente que tiene como finalidad traducir el material del ello en una versión menos perturbadora. En ese sentido, el objetivo de los sueños vendría a ser el de resguardar el descanso convirtiendo en símbolos el contenido de aquéllos para que puedan pasar sin problemas por el tamiz de la censura.

Para Freud, los sueños poseen siempre un contenido «manifiesto» y otro «latente». El primero es lo que aparece a simple vista en el sueño, que a menudo no es más que una

Freud y los sueños

aparente retahíla de sinsentidos, mientras que el contenido latente es aquello que el inconsciente pretende transmitir realmente al consciente a través del sueño.

El contenido manifiesto cuenta con dos grandes vías para disfrazar el contenido latente de modo que éste pueda pasar la censura. La primera de ellas es la «condensación», es decir, la fusión de dos o más imágenes oníricas en un único símbolo. Por ejemplo, en los sueños de sus pacientes, Freud solía interpretar las imágenes de personas ancianas como una condensación de sus padres, por un lado, y del propio analista (Freud en este caso), por otro. El contenido manifiesto, que opera más a partir de asociaciones que de conexiones lógicas, amalgama las dos imágenes con el objeto de reflejar un punto en común entre ellas y la actitud de la persona que sueña.

El segundo gran método de que se vale la mente al soñar es el «desplazamiento», que, al igual que la condensación, opera a partir de asociaciones, traduciendo una imagen onírica en otra.

Cuando en una ocasión uno de sus pacientes soñó con un barco velero que navegaba a toda vela y con el bauprés que destacaba en la proa, Freud lo interpretó de

inmediato como una imagen de desplazamiento en la que el velero representaba a la
madre del paciente, las velas simbolizaban sus
pechos y el bauprés, el pene que aquél siempre había imaginado en su enérgica madre.

Freud desarrolló el método de la libre
asociación para ir más allá de las condensa-
ciones y los desplazamientos del contenido
manifiesto y, de ese modo, poder interpretar los sueños. Si analizamos las cadenas de
asociaciones libres que se derivan de una
determinada imagen onírica, llegaremos al
punto donde nos conduce el curso de nuestros pensamientos, o bien nos detendremos
de repente cuando nos encontremos con
una resistencia, es decir, con un súbito blo-
queo de la mente que por lo general revela
la naturaleza de un problema en el inconsciente.

Otro concepto importante relativo al
método interpretativo de Freud es el de la
«revisión secundaria», término que se refiere al modo en que procedemos a alterar los
sucesos y las imágenes de nuestros sueños
cuando los contamos a alguien o, sencillamente, cuando intentamos recordarlos.

La teoría freudiana según la cual todos
los sueños tienen su origen en ese caos pri-
migenio del ello fue duramente contestada

Freud y los sueños

por aquellos que sostenían que los sueños eran una mera prolongación de los pensamientos de la mente en el estado de vigilia, o bien simples reacciones a acontecimientos recientes de la vida real.

En los años veinte, Freud matizó sus puntos de vista al establecer una diferenciación entre lo que dio en llamar sueños de «arriba» y sueños de «abajo». Estos últimos nacen del inconsciente y «pueden considerarse como incursiones de los pensamientos reprimidos durante la vigilia», mientras que los sueños de arriba tienen su origen en los acontecimientos vividos en la vida cotidiana y se ven «reforzados por el material reprimido que descarta el ego», es decir, aquel material que resulta inaceptable para el ego y que, por tanto, se reprime en el ello.

Freud sostiene que gran parte de nuestro comportamiento consciente viene motivado por la necesidad de satisfacer los impulsos del inconsciente.

Así, durante el día lo que hacemos es canalizar las fuerzas instintivas por medio de vías aceptables socialmente valiéndonos para ello de mecanismos de defensa del ego como la represión, la negación y la proyección con la finalidad de apartar de la consciencia todo ese material doloroso. En ese sentido, el ego se afana continuamente por persuadir al ello de que sus impulsos no pasan inadvertidos para la consciencia. Cuando el ego no acierta a realizar con éxito esta labor de placación y es incapaz de resistir las embestidas más perturbadoras del ello, los instintos reprimidos y los traumas más ocultos del inconsciente pueden acabar por aflorar a la mente consciente, con el consiguiente riesgo de provocar una crisis nerviosa grave en el individuo.

De todos modos, aun cuando no sea éste el caso, lo cierto es que, al cabo del día, consumimos una gran cantidad de energía en estos conflictos entre el ego y el ello, lo que conduce a las obsesiones, las depresiones y las ansiedades propias de los estados neuróticos.

No obstante, con la ayuda de un psicoanalista es posible evitar tales conflictos y restar al ello gran parte de su poder. Y en este sentido, Freud considera que la interpretación de los sueños resulta fundamental.

Freud y los sueños

JUNG Y LOS SUEÑOS

Jung y los sueños

Carl Gustav Jung (1875-1961), fundador de la psicología analítica, pasó gran parte de su vida trabajando en un consultorio privado de psicoterapia situado en la población suiza de Kusnacht, junto al lago Zurich. Al igual que Freud, con el que colaboró entre 1909 y 1913, creía que el inconsciente desempeña una función en los cuadros de neurosis y psicosis, así como en la importancia de los sueños para desvelar el origen de los problemas que subyacen en el inconsciente.

Jung, sin embargo, difería de Freud en su creencia de que los temas que aparecían con mayor frecuencia en los delirios y las alucinaciones de sus pacientes no se debían siempre a conflictos personales propios de su inconsciente, sino que todos ellos tenían un origen común. Su profundo conocimiento de las religiones, la mitología y símbolos como los de la alquimia, le llevó al convencimiento de que había una serie de temas comunes presentes a lo largo de las diferentes culturas y épocas de la civilización.

Y fue así como nació su célebre concepto del «inconsciente colectivo», una especie de nivel de la mente generador de mitos, común a todos los seres humanos, que se hereda genéticamente y viene a ser una especie de fuente inspiradora de la vida psicológica de todos nosotros. Por otro lado, Jung definió con el nombre de «arquetipos» al conjunto de motivos mitológicos e imágenes primigenias que afloran del inconsciente colectivo y que, según constató, aparecen simbólicamente una y otra vez en los grandes mitos y leyendas del mundo, así como en nuestros sueños más profundos y plenos de significado.

Las divergencias entre Jung y Freud a propósito de la teoría de este último según la cual el impulso vital es fundamentalmente de carácter sexual, se tradujeron también al terreno de la interpretación de los sueños. Jung consideraba que el simbolismo sexual que aflora en los sueños representa, a su vez, un nivel de significación más profundo y no estrictamente sexual, mientras que Freud era partidario de interpretar dicho contenido sexual de forma literal. Para el primero, los «grandes» sueños (aquellos que hunden sus raíces en el inconsciente colectivo) no son mensajes cifrados que aluden a

Jung y los sueños

deseos reprimidos, sino más bien puertas de entrada al «inmenso almacén histórico de la raza humana».

Jung también divergió de Freud en lo que respecta al método de la asociación libre, por entender que ésta permite que la mente siga unas cadenas de asociaciones que se alejan de la imagen onírica original. Se decantó, en cambio, por la asociación directa, en la que el análisis se centra en el sueño propiamente dicho e impide que la sucesión de pensamientos del paciente divague sin sentido volviendo una y otra vez a la imagen original.

Para Jung, la psicoterapia es un proceso de descubrimiento y autorrealización, de ahí que sus seguidores sostengan que, al estar en contacto con los temas míticos de nuestro inconsciente colectivo, los aspectos dispares –y a veces contrapuestos– del yo se van integrando de forma paulatina, desarrollando nuestro potencial a medida que pasamos por las diferentes etapas de la vida.

Jung es partidario de la «amplificación» de los símbolos de los sueños, que consiste en interpretar sus significados más profundos ubicándolos en contextos míticos y simbólicos de mayor envergadura. Después de llevar a cabo un minucioso análisis del material onírico disponible, llegó a la conclusión de «las numerosas relaciones existentes entre el simbolismo de los sueños individuales y la alquimia medieval».

La alquimia fue una de las disciplinas precursoras del estudio moderno del inconsciente, así como de las técnicas para transformar la «escoria» (o materia básica) de los conflictos psíquicos en el «oro» de la integridad personal.

Jung no sólo estableció paralelismos entre los símbolos oníricos y sus equivalentes en la alquimia, sino que fue más allá al encontrar en esta última la representación simbólica del mismo proceso de análisis jungiano y del desarrollo de la psique humana. En su búsqueda del poder de la transmutación, los alquimistas intentaron conciliar opuestos como el blanco y el negro, el frío y el calor, la vida y la muerte o lo varonil y lo femenino, con lo que crearon así la llamada «piedra filosofal», el principio unificador.

Jung encontró en todas estas transformaciones alquímicas de carácter simbólico una compleja metáfora de la unión entre lo masculino y lo femenino, el *anima* y el *animus*, el consciente y el inconsciente, la materia y el espíritu, lo que en su opinión llevaba a la integración en el seno de la propia

Jung y los sueños

Jung y los sueños

psique humana, proceso este que definió con el término alquímico de «individuación».

Jung atribuye a cada etapa de la vida un significado en el proceso de desarrollo de las personas, al tiempo que subraya la capacidad de crecimiento y actualización de uno mismo incluso cuando ya se ha llegado a una edad avanzada. El objetivo de la psicoterapia, y por consiguiente del análisis de los sueños, es el de acceder al inconsciente personal y colectivo para, de ese modo, descubrir e integrar cada aspecto del yo en la psique. En el transcurso de dicha integración, el ser humano no sólo reconcilia facetas de sí mismo hasta entonces contrapuestas, sino que además libera una especie de «función religiosa» a menudo reprimida. A través del estudio de los sueños y las neurosis de sus pacientes, Jung llega a la conclusión de que la fuerza de dicha función, que nada tiene que ver con credos ni con dogmas, sino que es la expresión del inconsciente colectivo de la que emanan la espiritualidad y el amor, es, como mínimo, equivalente a la de los instintos freudianos del sexo y la agresión.

Caso real i

*Freud tuvo este célebre sueño en 1895
y fue el primero que sometió a una
minuciosa interpretación. En él aparece
Irma, una joven viuda y amiga
de la familia a la que estaba tratando
por una «ansiedad histérica».*

El sueño: Freud sueña que reprocha a Irma su negativa a aceptar la «solución» que propone a sus problemas de ansiedad y le dice que si continúa sufriendo, es porque quiere. Ella se lamenta con amargura de unos dolores «asfixiantes» que siente en la garganta, el estómago y el abdomen. Alarmado, Freud le examina la garganta y encuentra una especie de mancha blanca y grande, así como unos «curiosos objetos enroscados» parecidos a los «cartílagos de la nariz». El doctor M. repite la exploración y confirma los hallazgos realizados por Freud, quien acaba por concluir que la causa de la infección es una inyección administrada por Otto, un médico de su confianza, quizá por haber utilizado una jeringuilla sin desinfectar.

El parecer del doctor M. es que Irma no tardará en enfermar de disentería y acabará expulsando la toxina de su organismo.

La interpretación: Freud interpreta este sueño como la satisfacción de un deseo. Al principio, acusa a Irma de no querer curarse, lo que en definitiva no es más que un deseo oculto de eludir su responsabilidad por el fracaso del psicoanálisis, motivado tal vez por haber mezclado problemas de origen físico y psicosomático. En el contexto del sueño, el origen de los dolores que padece Irma no se encuentran en la psique de esta última, sino en la jeringuilla sin desinfectar que ha utilizado Otto. Por otro lado, la ansiedad que manifiesta Freud sobre la idoneidad o no del tratamiento aplicado viene encarnada por el doctor M., a quien ya había recurrido con anterioridad en una ocasión en que había ocasionado la muerte a un paciente por culpa de un diagnóstico equivocado. La mancha blanca de la garganta de Irma le recuerda la difteria que padeció su propia hija, con la aflicción que ello le representó, y los cartílagos de la nariz simbolizan su inquietud a causa de su propio consumo de cocaína.

CASO REAL II

*Jung tuvo este sueño mientras intentaba
establecer una relación entre los
símbolos oníricos arquetípicos que
afloran del inconsciente
colectivo y los símbolos de la
alquimia medieval.*

El sueño: Jung había tenido varios sueños en los que añadía un ala nueva a su
casa. No obstante, no había logrado entrar
en ella nunca, hasta que una noche fran-
queó finalmente la puerta doble que co-
municaba con la nueva ala y se encontró
en un laboratorio de zoología muy parecido al taller de su difunto padre. Las paredes
estaban recubiertas de un sinfín de
botellas con peces conservados en al-
cohol. Vio, además, una cortina ahue-
cada por el viento detrás de la cual se encontró con el dormitorio de su difunta
madre, completamente vacío a excepción
de una hilera de pequeños pabellones flotantes con dos camas en el interior. Más allá
había una segunda puerta abierta que daba
a un vestíbulo enorme y lujoso en el que una
banda de música interpretaba marchas y
composiciones con gran estruendo, y el am-

Caso real II

biente alegre y cosmopolita de esta sala contrastaba con la atmósfera sombría de las otras dos piezas anteriores.

La interpretación: Buena parte de los «grandes» sueños de Jung tenían como escenario una casa. El hecho de penetrar finalmente en su ala nueva venía a simbolizar el acceso a regiones de su mente que hasta entonces habían permanecido sin explorar.

En el ala nueva cabe distinguir dos partes bien diferenciadas. Por un lado, el laboratorio y el dormitorio, que representan la faceta espiritual oculta de su persona, simbolizada de manera aún más explícita en los peces, símbolo de Jesucristo. Más allá de las cortinas, sobre las que proyecta su propia sombra (*véase* pág. 71), se accede al dormitorio, en el que los pares de camas flotantes son un símbolo de *coniunctio* alquímico, el enlace místico de las facetas masculina y femenina de una persona, que conducen a la integridad o unicidad más profunda. La otra parte del ala está encarnada por el lujoso vestíbulo donde toca la banda de música, símbolo de la mente consciente, del mundo racional de la luz del día.

EL LENGUAJE DE LOS ARQUETIPOS

Los arquetipos son temas universales que afloran desde el inconsciente colectivo y que reaparecen de forma simbólica en los mitos, los sueños y los sistemas de símbolos.

En la mayoría de los casos, los sueños arquetípicos dejan la impresión en quien los sueña de que proceden de una fuente situada más allá de lo que habitualmente identificamos como nosotros. En realidad, lo que de verdad importa no es tanto si esta fuente es una especie de reserva de la verdad espiritual o una dimensión inexplorada de nuestra mente, como el mero hecho de ser conscientes de su existencia.

En nuestros «grandes» sueños, los arquetipos se manifiestan en forma de símbolos o bien se personifican en la figura de un dios, un héroe, un monstruo fabuloso o los poderes enfrentados del bien y del mal, con los que la mente consciente está ya familiarizada. Los seguidores de Jung, sin embargo, puntualizan que no es correcto limitarse a identificar un único arquetipo en particular, ya que cada uno de ellos es tan sólo un fragmento del yo en su conjunto, por lo que únicamente integrando los dife-

El lenguaje de los arquetipos

rentes arquetipos del inconsciente colectivo se puede aspirar a la individuación (*véase* pág. 60).

Los sueños arquetípicos tienden a tener lugar en los momentos de transición más importantes de la vida, como los primeros días de escuela, la pubertad, la adolescencia, la paternidad, la madurez, la menopausia y la vejez, aunque también se manifiestan en épocas de trastornos e incertidumbres, y definen el proceso hacia la individuación y la madurez espiritual.

De todos modos, Jung advierte que, si el material de los sueños arquetípicos contradice en gran medida las ideas y las convicciones de la mente consciente, o bien carece de la coherencia moral del material mitológico genuino, se corre entonces el riesgo de asistir a una división entre el inconsciente colectivo y la vida en estado de vigilia de la persona que sueña. Y para poder ir más allá, es preciso superar primero estos bloqueos de la mente.

Los arquetipos oníricos son fundamentales a la hora de indagar en nuestro «verdadero yo». Si los buscamos en los sueños y aprendemos a reconocerlos, podemos construir puentes que nos lleven hasta nuestra mente inconsciente.

Y es que cada arquetipo viene a ser un eslabón más en la cadena de asociaciones míticas, de manera que al identificar uno de ellos podemos conducir otros hasta la consciencia del sueño y, de ese modo, profundizar aún más en nuestro inconsciente colectivo.

Según Edward Whitmont y Sylvia Perera, ambos seguidores de Jung, sabemos que hemos accedido al universo de los arquetipos cuando nuestros sueños presentan elementos imposibles de darse desde un punto de vista racional en nuestra vida cotidiana y que, por tanto, nos llevan al «universo del mito y la magia». La mayoría de los sueños son un reflejo de las limitaciones de la vida real, pero desde el momento en que nos encontramos en un mundo de formas cambiantes en el que los animales hablan, las personas se levantan como si nada después de haber sufrido heridas mortales de necesidad, los desconocidos entran por puertas cerradas con llave y los árboles se convierten en hermosas mujeres, sabemos que nos encontramos en presencia de los arquetipos.

Tanto las imágenes como las situaciones de los sueños arquetípicos suelen presentar, de antemano, una intensidad dramática predeterminada.

El lenguaje de los arquetipos

Así, es normal que el sueño transcurra en un contexto histórico o cultural bien diferente al de la persona que sueña, símbolo inequívoco de que ésta se halla viajando más allá de los límites de la experiencia sensorial y psicológica propios del estado de vigilia. Se sabe, además, que los sueños arquetípicos son percibidos por parte de quien los sueña con un halo de trascendencia que deja entrever «cierta ilusión de iluminación, aviso o ayuda sobrenatural». Pero, por encima de todo, los sueños arquetípicos tienen eso que Jung denominó «carácter cósmico», una sensación de infinidad temporal o espacial que se traduce en ciertas experiencias del todo irreales, como la de desplazarse a una velocidad vertiginosa a lo largo de enormes distancias, volar como un cometa por el espacio, contemplar la Tierra desde muy arriba o notar cómo el propio yo trasciende su individualidad específica hasta abarcar todo el universo. Este carácter cósmico también puede aflorar en nuestros sueños en forma de símbolos astrológicos o alquímicos, o bien a través de experiencias de muerte y renacimiento.

Un gran número de sueños arquetípicos incluyen situaciones de viajes mágicos o iniciáticos que a menudo representan,

como la búsqueda del Santo Grial, el deseo de encontrarse a sí mismo. Estos episodios iniciáticos suelen simbolizar una especie de viaje al inconsciente, en el que el protagonista intenta hallar y asimilar diversos fragmentos sueltos de la psique con el objeto de alcanzar una unicidad y una confianza psíquicas que le diferencien de la comunidad. Hay, además, otros viajes arquetípicos, como el de las travesías hacia el sol naciente, que representan un proceso de renacimiento y de transformación.

Otro arquetipo fundamental es el espíritu, lo opuesto a la materia, que en los sueños suele manifestarse en ocasiones a través de una sensación de infinidad, amplitud e invisibilidad. A veces se presenta también en la forma de un fantasma o de una persona ya fallecida, y su presencia suele indicar cierto conflicto entre el mundo material y el inmaterial. En las páginas que siguen se analizan otros arquetipos importantes.

El lenguaje de los arquetipos

LOS SIETE ARQUETIPOS PRINCIPALES

Los siete arquetipos principales

EL ANCIANO SABIO

El anciano sabio (o anciana sabia) es lo que Jung denominó una personalidad *mana*, el símbolo de una fuente primigenia de crecimiento y vitalidad que tanto puede curar como destruir; tanto atraer como repeler. En los sueños, este arquetipo suele aparecer bajo la apariencia de un mago, un médico, un sacerdote, un profesor, el padre o cualquier figura autoritaria, con cuya sola presencia o enseñanzas la persona que sueña tiene la sensación de tener al alcance los estadios más elevados de la consciencia. De todos modos, esta personalidad *mana* no llega a ser divina del todo y tanto puede conducirnos a los niveles superiores de consciencia como alejarnos de ellos.

EL TIMADOR

El timador es el arquetipo del antihéroe, una amalgama psíquica de lo animal y lo divino. En ocasiones se le considera una manifestación de la sombra, si bien en los sueños suele aparecer bajo la apariencia de un payaso o un bufón que al tiempo que se ríe de sí mismo se burla de las pretensiones del ego y de su proyección arquetípica.

Es, además, la siniestra figura que interrumpe nuestros juegos, revela nuestras intenciones y echa a perder el placer del sueño. Suele hacer acto de presencia cuando el ego se encuentra en una situación comprometida debido a una vanidad excesiva, unas ambiciones desmesuradas o un error de juicio. Es indómito, amoral y anárquico.

LA PERSONA

La persona es la forma en que nos presentamos ante el mundo exterior durante el estado de vigilia. De carácter práctico y saludable, se torna peligrosa si nos identificamos demasiado con ella hasta confundirla con el yo real, situación esta en que suele presentarse en nuestros sueños bajo la apariencia de un espantapájaros o un vagabundo, o bien como un paisaje desolado o cierto ostracismo social. Si en los sueños aparecemos desnudos, esto es señal de la pérdida de la persona.

LA SOMBRA

Jung define la sombra como «aquello que una persona no quiere ser», y representa la faceta más primitiva e instintiva de cada uno.

Los siete arquetipos principales

Cuanto más se reprime esta faceta y más se la aparta de la consciencia, menos posibilidades habrá de evitar que «aflore de forma repentina en un momento de inconsciencia».

Oculta tras nuestra capa de civilización, la sombra se muestra en las acciones más egoístas, violentas y brutales de cada persona, de cada comunidad y de cada pueblo. En los sueños suele aparecer bajo la apariencia de una persona del mismo sexo, a menudo con una actitud amenazante más propia de una pesadilla.

Dado que uno nunca puede eliminarla del todo, con frecuencia aparece caracterizada bajo la forma de un personaje onírico inmune a los golpes y las balas, que nos persigue por los rincones más recónditos de la mente. No obstante, puede también tomar la apariencia de un hermano o una hermana, o bien la de un desconocido que nos obliga a afrontar situaciones que preferimos no ver o palabras que desearíamos no tener que escuchar.

Los siete arquetipos principales

A resultas de su carácter obsesivo, autónomo y posesivo, provoca en nosotros un sentimiento de temor, rabia o ultraje moral, y el hecho de que aparezca en los sueños sugiere la necesidad de que seamos más conscientes de su existencia, así como de que mostraremos una mayor entereza moral ante sus impulsos oscuros, pues de lo contrario éstos acaban sometiendo de forma gradual a nuestra mente consciente. Debemos aprender a aceptar e integrar la sombra en nuestra psique, ya que sus desagradables mensajes suelen darse, aunque sea de forma indirecta, por nuestro propio bien.

EL NIÑO DIVINO

El niño divino es el arquetipo de la fuerza regeneradora que lleva al hombre a la individuación, esto es, a «convertirse en un niño pequeño» según la expresión de los evangelios. Se trata, pues, del símbolo de la verdad misma, de la totalidad de nuestro ser, en oposición al ego limitado y limitador. En los sueños, suele aparecer bajo la apariencia de un bebé o un recién nacido, y aunque es inocente y vulnerable, es al mismo tiempo un ser inviolable, poseedor de una enorme fuerza transformadora.

El contacto con el niño puede despojarnos de cualquier sensación de engrandecimiento personal, al mismo tiempo que nos recuerda cuán lejos nos encontramos de lo que antaño fuimos y de lo que aspiramos a ser.

EL *ANIMA* Y EL *ANIMUS*

Según Jung, cada uno de nosotros lleva dentro todo el potencial humano, tanto masculino como femenino. En este sentido, el *anima* vendría a representar las cualidades «femeninas» propias de los estados de ánimo, las reacciones y los impulsos de los hombres, mientras que el *animus* encarnaría las cualidades «varoniles» de los compromisos, las creencias y las inspiraciones de las mujeres. Pero, más importante aún, en tanto que «no yo» del ser, tanto la una como el otro hacen las veces de *psychopompi* o guías espirituales del potencial que cada uno posee, sin saberlo, en su interior.

En la mitología, el *anima* suele aparecer bajo la forma de una diosa virginal o una mujer de gran belleza, como Atenea, Venus o Helena de Troya, mientras que el *animus* viene representado por un dios noble o un héroe como Hermes, Apolo o Hércules. Si tanto la una como el otro aparecen

Los siete arquetipos principales

Los siete arquetipos principales

en nuestros sueños bajo esta grandilocuente apariencia o con la de un hombre o una mujer con poderes especiales, es síntoma de que necesitamos integrar las facetas masculina y femenina en nuestro interior.

Si se ignoran, estos arquetipos tienden a proyectarse hacia el exterior en busca de un amante idealizado, o bien a quedar asimilados de forma totalmente irreal por la persona de la pareja o de un amigo. Si deja que tomen posesión del inconsciente, los hombres pueden tender a volverse demasiado emocionales y sentimentales, mientras que las mujeres se tornan más rudas y obstinadas.

LA GRAN MADRE

La imagen de la gran madre desempeña un papel fundamental en nuestro desarrollo psicológico y espiritual, y su protagonismo tanto en los sueños como en los mitos y las religiones se explica no solamente por nuestras experiencias personales durante la infancia, sino también por el arquetipo que representa todo aquello relacionado con el crecimiento y la fertilidad, por un lado, y todo lo que domina, devora, seduce y posee, por otro.

La energía de la gran madre no sólo es divina, etérea y virginal, sino también telúrica (es decir, que deriva de la tierra) y agrícola, pues no en vano antaño se la veneraba como la portadora de las cosechas.

Siempre ambivalente, la gran madre es un arquetipo del misterio y el poder femeninos, que se manifiestan de formas tan diversas entre sí como la figura de la reina de los cielos o la de las brujas que pueblan los mitos y las leyendas.

Para Freud, no obstante, la figura simbólica de la madre en los sueños se ha de interpretar como una representación de la relación del soñador con su propia madre. Freud observó que en la mayoría de los sueños aparecen la persona que sueña, una mujer y un hombre, y llegó a la conclusión de que en una buena proporción estas dos últimas representan a los padres y simbolizan diversos aspectos del complejo de Edipo padecido por la persona que sueña, según sea hombre o mujer respectivamente (en la mitología griega, Edipo simboliza el temprano deseo sexual del varón hacia su madre y el sentimiento de celos que siente hacia su padre, mientras que Electra representa el temprano deseo sexual de la mujer hacia su padre y los celos hacia su madre).

Los siete arquetipos principales

✳ CASO REAL III

*La persona que tiene el sueño
es un profesor universitario que duda
entre mantener su reputación académica
o bien hacer público su creciente interés
por el misticismo y la espiritualidad.*

El sueño: «Después de nadar en el mar, fui a darme una ducha de agua dulce en la misma playa. El agua ya corría por mi espalda cuando, antes de que pudiera siquiera levantar la frente, me encontré de repente en un elegante salón chorreando agua sobre la alfombra. Había varias mujeres de mediana edad que me miraban con desaprobación y una mucho más joven con una mandolina que me dijo: "No se preocupe, la música siempre puede secarle". Entonces empecé a flotar hasta llegar al tejado. Era noche cerrada, estiré la mano y por un momento llegué a tener una estrella entre mis dedos. Una voz dijo entonces: "Póntela bajo el pecho".

»Todavía me estaba preguntando cómo hacerlo cuando, de repente, me desperté.»

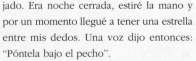

La interpretación: El hecho de nadar en el mar sugiere el deseo por parte de la persona que sueña de viajar hasta lo más hondo del inconsciente arquetípico. De todos modos, en un momento dado intenta quitarse la sal del cuerpo: desea «sanear» lo que acaba de descubrir en su travesía.

La transición al salón le recuerda que no puede ser él mismo en un ambiente artificial, sobre todo bajo la mirada desaprobadora de sus colegas de la universidad (las mujeres de mediana edad). Las palabras de la joven con la mandolina hay que atribuirlas al *anima* arquetípica, y vienen a decirle que con su potencial creativo puede llegar a transformar la sabiduría del inconsciente en la esfera espiritual del aire.

Entonces empieza a flotar y se dirige hasta el tejado, desde donde contempla las estrellas, arquetipos del estado más elevado de la inconsciencia. Pero justo antes de despertarse no sabe todavía cómo puede llegar a introducirse una de esas estrellas «bajo el pecho» y, de esa manera, integrar su ser más elevado en la vida consciente.

Caso real III

SÍMBOLOS ONÍRICOS

Símbolos oníricos

Al despertarnos por la mañana, suele ser la caprichosa naturaleza de nuestros recuerdos la que nos convence de la insignificancia de nuestros sueños. Y, sin embargo, cuando aprendemos a interpretar los símbolos que aparecen en ellos, una nueva dimensión de significados se abre ante nosotros.

Los símbolos vienen a ser las «palabras» que configuran el lenguaje de los sueños, y cada uno de ellos representa una idea, un recuerdo, un estado de ánimo que aflora desde el inconsciente de quien sueña. No obstante, muchos de esos símbolos tienen un significado diferente para cada persona.

Los sueños constituyen en todos los casos un lenguaje personal entre el inconsciente y la mente consciente, y por mucho que intentemos descifrar los significados más habituales de un buen número de símbolos, nunca podemos estar del todo seguros de haberlos comprendido correctamente hasta que no los analizamos a la luz de nuestra propia experiencia personal. El símbolo más trivial puede ocultar en su interior un recuerdo muy intenso o el consejo más revelador que podamos imaginar.

Por lo general, los sueños del primer y el segundo nivel, que afloran desde el preconsciente y el inconsciente personal respectivamente (*véase* pág. 41), se valen en su mayoría de símbolos con asociaciones especiales para la persona que sueña, o que afloran directamente de la vida cotidiana. Muchos de ellos presentan elementos de uso cotidiano, aunque los hay también que sólo tienen sentido para quien los sueña.

Por más que su significado sea evidente, los símbolos de los niveles primero y segundo pueden llevar asociada suficiente carga emocional como para aparecer sólo en los sueños de un determinado colectivo. Así, por ejemplo, para una persona determinada la figura de un granjero enfadado en un sueño puede simbolizar la rabia, porque en el pasado un granjero la amenazó con dispararle por haber entrado en su propiedad, mientras que para otra persona esa misma rabia puede encarnarse en un acertijo que en una ocasión estuvo a punto de frustrarla por no poder resolverlo.

Los símbolos de los niveles primero y segundo pueden proceder, asimismo, de otros aspectos más periféricos de la vida cotidiana, como por ejemplo los programas de televisión. Y es

Símbolos oníricos

que el sueño ahonda en la memoria de la persona eligiendo los materiales que mejor se adecuan a sus propósitos.

Los símbolos del tercer nivel suelen tener un significado mucho más universal. En este caso, no sólo compartimos los arquetipos (*véanse* págs. 65-69), sino también las formas en que éstos afloran a la consciencia. El problema con los sueños de este nivel tiene que ver con los reparos que ponemos, desde nuestra mentalidad occidental, a reconocer que los sueños pueden ayudarnos a acceder a una reserva de sabiduría oculta, con frecuencia más allá de nuestra mente en estado de vigilia.

Freud y Jung mostraron discrepancias a la hora de interpretar el significado de los símbolos. Así, el primero atribuye a las imágenes de los sueños un significado fijo, de manera que para él los campanarios, las pistolas, los cuchillos, las puertas, las cuevas y otros objetos similares que aparecen en los sueños son siempre símbolos de carácter sexual. Para Jung, en cambio, este enfoque implica considerar las imágenes como signos y no como símbolos. Según él, la esencia de un símbolo «consiste en hacer evidente el contenido del inconsciente aun cuando el consciente no acierte a captar su significado». Un signo, por el contrario, constituye una interpretación fija de la imagen que aparece en los sueños y, por consiguiente, queda limitado a un significado ya de por sí consciente. En ese sentido, el considerar la imagen de un sueño como un signo, no sólo nos impide acceder a un nivel de significación más profundo, sino que además implica reprimir aún más dicho significado y agrandar la separación entre el consciente y el inconsciente en vez de estrecharla.

Para Freud, los símbolos fálicos representan un pene, mientras que para Jung son «el *mana* creativo, el poder de la curación y la fertilidad». La mayoría de los psicólogos y antropólogos que han estudiado los símbolos se han mostrado, por lo general, más partidarios del enfoque creativo de Jung.

Un símbolo puede llevar asociados muchos significados. Así, la imagen de una pistola puede representar, incluso para una misma persona, cosas tan dispares como un trueno y un rayo, la procreación, la destrucción o un juguete. En todas estas lecturas, el protagonista es siempre el poder, pero ya sea para destruir, hacer el bien, hacer daño o reafirmar el impulso infantil de intimidar a los demás.

Símbolos oníricos

PERLS
Y LOS SUEÑOS

Perls y los sueños

Al psiquiatra estadounidense Fritz Perls (1893-1970) se le conoce sobre todo por pertenecer al «gestaltismo», doctrina de la psicología que hace hincapié en la forma en que el individuo organiza los hechos, las percepciones y el comportamiento que conforman su vida, en lugar de abordar la naturaleza específica de cada fenómeno.

Al igual que Freud y Jung, Perls destaca el contenido simbólico de los sueños, si bien matiza al considerar cada personaje y objeto de nuestros sueños como una proyección de nuestro propio yo. En ese sentido, los sueños representarían un aspecto emocional incompleto y su contenido simbólico procedería de la experiencia personal de cada individuo.

Para Perls, a la hora de interpretar los sueños el juego de roles constituye una técnica mucho más eficaz y precisa que la asociación libre o la asociación directa. Su método consiste en que la persona en cuestión dramatice las imágenes que aparecen en sus sueños poniendo voz incluso a los objetos inanimados y adoptando las mismas posturas que presentaban dichos objetos en los sueños para, de ese modo, representar mejor el mensaje que subyace oculto en su interior.

En este juego de roles, la interpretación queda en manos de cada persona y el terapeuta se limita a realizar sugerencias, ya que el significado no debe imponerse nunca desde fuera.

Jung y Freud también admiten que las imágenes de los sueños a menudo simbolizan determinados aspectos del yo de la persona que los sueña y que, en este sentido, el juego de roles puede ser un complemento muy útil para la asociación libre o directa. De todos modos, lo cierto es que aunque el método de Perls resulta de gran utilidad para analizar los sueños de los niveles primero y segundo, se corre el riesgo de pasar por alto el significado compartido de los símbolos y de ignorar, por lo tanto, el papel del inconsciente colectivo.

Perls y los sueños

BOSS Y LOS SUEÑOS

El psiquiatra suizo Medard Boss (1903-1990) estableció una relación entre los sueños y el existencialismo según la cual cada persona elige de forma consciente o inconsciente aquello que desea ser. Por consiguiente, para Boss los sueños no constituyen ningún lenguaje simbólico, sino que más bien representan aspectos explícitos de la elección existencial realizada por cada uno de nosotros.

A través de sus investigaciones clínicas, Boss pudo demostrar hasta qué punto los sueños son capaces de prestar ayuda psicológica sin necesidad de realizar una interpretación simbólica de ellos. En lugar de recurrir a la asociación, Boss desarrolló un método de interpretación que permite que los sueños del primer nivel hablen por sí solos.

En uno de sus experimentos con sueños, Boss hipnotizó a cinco mujeres (tres sanas y dos neuróticas) e invitó a cada una de ellas a soñar que un hombre desnudo y sexualmente excitado, enamorado de ellas, se aproximaba con intención de mantener una relación sexual.

Mientras que los sueños de las tres mujeres sanas respondieron al escenario propuesto, los de las dos mujeres neuróticas resultaron muy agitados y poco sugerentes. En uno de ellos, el hombre desnudo se había visto reemplazado por un soldado uniformado provisto de una pistola con la que había estado a punto de dispararle. Boss observó que en los tres primeros sueños no había ningún elemento de carácter simbólico, pues se trataba, en definitiva, de la simple expresión por parte de las mujeres hipnotizadas de sus deseos conscientes. De hecho, incluso el sueño en que aparecía el soldado era un simple reflejo del temor a los hombres que sentía la mujer en cuestión.

De todos modos, tanto los partidarios de Freud como los de Jung podrían objetar que, con la asociación, los elementos que afloran desde el inconsciente (el amante convertido en un soldado y el pene transformado en una pistola) permitirían ahondar en las causas que han provocado las neurosis de la paciente.

Boss y los sueños

EL LENGUAJE INTERIOR

Antes de Freud y Jung, la mayoría de científicos coincidía en que los sueños eran una caótica maraña de imágenes sin sentido resultado de la acumulación de experiencias sensoriales vividas durante el día. A lo largo del siglo xx, y después de que Freud defendiera el valor interpretativo de los sueños, se han propuesto un sinfín de teorías, muchas de ellas contrapuestas, para explicar la lógica de los sueños.

La naturaleza de esta lógica, a veces desconcertante, sugiere que el origen de los sueños hay que buscarlo más allá de los límites compartimentados de la mente consciente. Un sueño puede ser la respuesta a un suceso vivido en el mundo exterior o bien originarse en nuestro interior para expresar unas preocupaciones o unos sentimientos profundamente arraigados en cada uno de nosotros. Puede ser, en definitiva, un medio de satisfacer un deseo o de que aflore una emoción que permanece oculta o sin resolverse.

El lenguaje de los sueños, a menudo tan enigmático, vacilante y fragmentario, es capaz de alterar el curso normal del tiempo, de mezclar elementos familiares con otros desconocidos o incluso realizar fantásticas transformaciones gracias a esa «magia» especial de la psique. En el mundo de los sueños, una escena lleva a otra y los objetos inanimados cobran vida con absoluta normalidad, pues llegan a hablarnos o a resultar amenazadores. En los sueños se puede volar, o ladrar, e incluso pasear-

se desnudo por una plaza atestada de gente como si fuese algo normal. Es con todo este cúmulo de sucesos complejos e incluso opuestos entre sí con los que hay que contar para dilucidar su significado.

Las páginas que siguen son como una «guía de viaje» que incluye los aspectos más significativos del mundo de los sueños, des-

de la lógica de las diferentes secuencias oníricas a las pesadillas de los más pequeños y los paisajes encantados de los sueños.

LA LÓGICA DE LOS SUEÑOS

Hasta la revolucionaria irrupción de las obras de Freud y Jung sobre la interpretación de los sueños, pocos eran los filósofos que diferían de las opiniones del médico alemán del siglo XIX Theodor Fechner, según el cual al soñar «es como si la actividad psicológica del cerebro de una persona cuerda se trasladase al de un loco». Lo que intrigaba a estos filósofos no era sólo el aparente contenido «sin sentido» de las imágenes de los sueños, sino también la aparente ausencia de pensamiento racional y funciones mentales complejas en la lógica que unía las diferentes imágenes oníricas entre sí.

No obstante, Freud observó que las conexiones entre los diversos elementos se podían demostrar también por otros medios que no fueran las palabras, tal como sucede, por ejemplo, en el arte. Estaba absolutamente convencido de que «la locura de los sueños no carece de método e incluso puede estimularse, como la del príncipe danés (Hamlet)».

Si bien las conexiones de los sueños no se rigen por la lógica racional del lenguaje y la filosofía, cabe, sin embargo, la posibilidad de que respondan a unos mecanismos

La lógica de los sueños

racionales menos evidentes que oculten de forma deliberada el significado de los sueños.

A través de la práctica, Freud pudo demostrar que las imágenes oníricas se hallan relacionadas entre sí mediante cuatro meca-

nismos conectores fundamentales: la simultaneidad, que consiste en presentar juntos varios sucesos o imágenes oníricas; la contigüidad, en que éstos aparecen dispuestos formando una secuencia; la transformación, en que una imagen da lugar a

La lógica de los sueños

otra diferente; y, por último, la similitud, que Freud consideraba como el mecanismo conector más frecuente e importante, y que funciona a través de la asociación, como cuando un objeto guarda cierto parecido con otro o bien evoca sentimientos relacionados con este último.

Un gran número de estas asociaciones se olvidan o se reprimen en el nivel consciente, pero pueden aflorar y manifestarse a través de unas adecuadas técnicas de interpretación de los sueños. Por otro lado, al descifrarlas, el psicoanalista no sólo pone al descubierto la lógica de los sueños, sino también su profunda sutileza.

Las personas que, con posterioridad a Freud, han estudiado los sueños han llegado a la conclusión de que la llamada «consistencia interna» desempeña un papel fundamental en el funcionamiento de su lógica. Si se analizan los sueños del primer y del segundo nivel, que son los que afloran del preconsciente y del inconsciente personal, se observa que cada persona tiene su particular manera de manifestar dicha consistencia.

La forma más habitual en que ésta se manifiesta es la que Calvin Hall y Vernon Nordby han denominado «consistencia relativa», que se basa en la frecuencia con que aparecen las diferentes imágenes oníricas en cada persona durante un período de tiempo determinado. Así, puede darse el caso de que en una persona concreta aparezcan en orden descendente de frecuencia muebles, partes del cuerpo, coches o gatos, de igual modo que, en otra, las mujeres y los ambientes exteriores aparecen más a menudo que los hombres y los ambientes cerrados. Se ha demostrado que estos patrones de frecuencia se mantienen bastante constantes de un año para otro.

Otra modalidad importante de consistencia interna es la llamada «consistencia simbólica». Cuando el sueño se vale de símbolos, selecciona tan sólo aquellos que pueden asociarse con el material que se desea expresar, al tiempo que va repitiendo de un sueño a otro los que parecen más eficaces para transmitir su mensaje.

EL ESCENARIO
DE LOS SUEÑOS

Los sueños están ambientados en su mayoría en escenarios familiares que reflejan los recuerdos e intereses más inmediatos de la persona que sueña y, por tanto, se encuentran inmersos en un contexto cultural y social concreto. Se sabe que uno de los escenarios más recurrentes es la propia casa, aunque, tal como demostrara Jung en el sueño que le ayudó a inspirarse en su teoría del inconsciente colectivo, el escenario más mundano en apariencia puede estar provisto de una considerable carga de información simbólica.

La casa donde transcurre el sueño de Jung representa su propia psique, y sus diferentes plantas van adentrándose de forma progresiva en su inconsciente hasta llegar al «hombre primitivo» que vive en el sótano. A raíz de sus sueños, Jung animó a sus colaboradores a analizar cada vez con mayor profundidad el escenario en que transcurrían los sueños para desvelar su significado simbólico. Y es que una casa, por poner un ejemplo, puede significar, de forma progresiva, el cuerpo de la persona

que sueña, su mente, el cuerpo de su madre e, incluso, por medio de una característica transposición onírica, la «casa» o familia de su padre.

Por lo general, cuanto más creativa e imaginativa es la persona que sueña, tanto más probable es que afloren estos niveles progresivos de significado, así como que el escenario donde transcurren los sueños sea más variado, colorido y llamativo.

Son muchos los pintores que se han inspirado en escenarios o paisajes tomados directamente de los sueños. Figuras de la talla del italiano Giorgio de Chirico (1888-1978) o el belga Paul Delvaux (1897-1994), pintores ambos afines al surrealismo, destacaron por su maestría a la hora de captar la atmósfera de los sueños. Y es precisamente la yuxtaposición de lo habitual y lo extraordinario lo que confiere a sus cuadros ese inconfundible aire onírico que hace las pesadillas tan escalofriantes.

Al igual que sucede con los elementos más obvios y destacados de un sueño, cualquier elemento del escenario puede experimentar una súbita transformación, de modo que, por ejemplo, una alfombra se convierte en una ciénaga o una granja a lo lejos pasa a ser, de repente, un matadero.

El escenario de los sueños

El escenario de los sueños

Lejos de ser meros telones de fondo, los paisajes de los sueños también se «viven» y generan experiencias, como cuando transmiten una impresión de soledad o, por el contrario, provocan una extraña sensación de bienestar. Cuando sus contornos son suaves y despiertan sentimientos de gran intensidad, pueden simbolizar el cuerpo, sobre todo el de la madre de la persona que sueña. Por otro lado, los escenarios en que transcurren los sueños pueden representar también la topografía de la propia mente, de modo que un barrio desconocido situado en una zona apartada de la ciudad puede muy bien simbolizar el inconsciente. Asimismo, las escenas nocturnas suelen aludir a las más oscuras profundidades del propio yo interior.

A la hora de interpretar los sueños, es fundamental recordar los detalles de su escenario y su paisaje si se desea descifrar el significado completo que se oculta tras ellos. Si el sueño tiene lugar en un jardín, ¿éste es de diseño formal o más bien informal? ¿Se trata de un jardín bien cuidado o por el contrario las plantas crecen en él selváticamente?

O si en el sueño hay una carretera, ¿ésta tiene curvas y vuelve sobre sí misma, o bien es de trazado recto y permite volver a casa cómodamente?

Al analizar los sueños con técnicas como las de Fritz Perls, que incluye la dramatización de todos aquellos aspectos que se han logrado recordar del sueño (*véase* pág. 84), incluso los elementos en apariencia más insignificantes de un escenario pueden revestir una importancia fundamental.

Dado que los distintos elementos que aparecen en un escenario pueden representar a personas o aspectos de la personalidad del soñador completamente diferentes, es importante establecer, en la medida de lo posible, qué relación existe entre cada uno de esos elementos y la persona que los ha soñado. ¿Es dueña esta última del escenario, o bien éste está asociado, siquiera de forma extraña, con alguien de su entorno? ¿Qué emociones hace aflorar el escenario? Si pudiera hablar, ¿qué diría?

Cuanto mayor sea el detalle con que se analicen los sueños, tanto más vívidos e intensos se perfilarán los escenarios en que transcurren, y tanto más fiables serán como canal de la consciencia del sueño.

El escenario de los sueños

CASO REAL IV

La persona que sueña es un ejecutivo de ventas que, a pesar de que siempre ha querido ser novelista, pasa gran parte de su tiempo redactando equívocos pero eficaces eslóganes publicitarios.

El sueño: «Me encontraba en una peluquería esperando mi turno. El interior era pequeño y oscuro, algo sórdido incluso. Por delante de mí tenía a otros dos hombres que estaban sentados a mi derecha leyendo el periódico, aunque el peluquero me llamó a mí primero. Parecía como si me conociera de algo, como si ya hubiese estado allí con anterioridad.

»Me sentía un tanto desconcertado, aunque pensé que quería congraciarse conmigo. No obstante, cuando fui a sentarme, me di cuenta de repente de que me encontraba en el salón de mi propia casa. El espejo que tenía ante mí era tan viejo que apenas sí podía verme reflejado en él. A continuación pasé a hallarme, de repente, en el exterior, mirando los escaparates de unas tiendas.

»Creo que en realidad estaba buscando unas tijeras para cortarme el pelo, pero no las encontré.»

La interpretación: El protagonista de este sueño asocia la visita al peluquero con su vanidad intelectual, y la actitud acogedora del peluquero con el modo en que los demás le prodigan alabanzas y atenciones totalmente fuera de lugar, situación relacionada, sin duda, con su trabajo.

La presencia de los otros dos hombres que tendrían que haber pasado antes que él sugieren que hay toda una serie de aspectos más profundos, ocultos y latentes en su interior, como por ejemplo su vocación de escritor, a los que tendría que dar prioridad sobre el resto.

El espejo en el que el protagonista no acierta a ver reflejado su rostro simboliza el hecho de haber abandonado su proceso personal de autoconocimiento y haberse adentrado en el ambiente de falsedad que se respira en el mundo de la publicidad. Por último, la búsqueda de algo en los escaparates de unas tiendas indica que está intentando satisfacer sus necesidades buscando oportunidades más allá de sí mismo.

Caso real N°

CASO REAL V

*La persona que sueña es una mujer
próxima a los treinta que ocupa
un cargo de gran responsabilidad
en una inmobiliaria muy importante
de una gran ciudad.*

Caso real 5º

El sueño: «Se trata de uno más de toda una serie de sueños en que siempre me encuentro rodeada de objetos viejos y rotos, o bien de aparatos nuevos que, por mucho que lo intente, se resisten a funcionar.

»En este sueño, en concreto, me encuentro de pie al final de un largo tramo de escalones que parece conducir a un patio trasero repleto de escombros y chatarra, a pesar de que los escalones en sí son anchos y señoriales, como los de la escalinata del jardín de una gran mansión.

»En el patio hay un hombre reparando un coche antiguo y le pregunto que por qué no funciona, a lo que me responde que ahora sí funciona puesto que ya lo ha arreglado.»

La interpretación: Las escaleras en sentido descendente suelen repre-

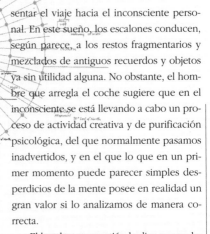

sentar el viaje hacia el inconsciente personal. En este sueño, los escalones conducen, según parece, a los restos fragmentarios y mezclados de antiguos recuerdos y objetos ya sin utilidad alguna. No obstante, el hombre que arregla el coche sugiere que en el inconsciente se está llevando a cabo un proceso de actividad creativa y de purificación psicológica, del que normalmente pasamos inadvertidos, y en el que lo que en un primer momento puede parecer simples desperdicios de la mente posee en realidad un gran valor si lo analizamos de manera correcta.

El hombre en cuestión le dice que ya ha «arreglado» el coche antiguo, un claro símbolo del viaje, del desplazamiento de un lugar a otro, y tal vez, en este caso concreto, símbolo de una aspiración frustrada o de una ambición insatisfecha de cuando era más joven.

La persona que ha tenido el sueño deduce de este último que tiene que mostrar más confianza y valentía a la hora de viajar por el mundo del inconsciente, ya que de este modo su vida interior se le mostrará con mucha más claridad.

Caso real 9

SUEÑOS EN LA INFANCIA

Sueños en la infancia

El ser humano sueña desde que nace. Es posible, incluso, que lo hagamos en el mismo vientre materno y, en cualquier caso, es indudable que pasamos gran parte de nuestra vida soñando. Se sabe que cerca del 60 % del tiempo que un recién nacido pasa durmiendo corresponde a episodios REM («movimiento rápido de los ojos» en inglés), que es cuando tienen lugar la mayoría de los sueños (*véase* pág. 23).

Aunque resulta del todo imposible saber con exactitud qué sueñan los bebés, es más que probable que la mayor parte del contenido de sus sueños tenga su origen en sensaciones físicas o que esté relacionado de un modo u otro con ellas. Por otro lado, es igualmente probable que tras el primer mes de vida las imágenes visuales y auditivas empiecen a cobrar protagonismo.

Una vez que los niños han crecido lo bastante como para contarnos

lo que han soñado, se observa que el contenido básico de sus sueños tiene que ver con intereses y emociones del estado de vigilia.

Después de estudiar varios centenares de sueños de niños de entre dos y doce años, Robert Van de Castle y Donna Kramer concluyeron que los sueños de las niñas son, desde un principio, más largos que los de los niños y en ellos aparecen un mayor número de personas y alusiones a la ropa, mientras que en los de los niños predominan las herramientas y los objetos. Por otro lado, también observaron que los animales aparecen con más frecuencia en los sueños de los niños que en los de los adultos y que la proporción de animales aterradores, como leones, cocodrilos o lobos, es muy superior a la de animales pacíficos, como ovejas, mariposas o pájaros. Esta frecuencia de imágenes de animales parece ser un fiel reflejo de los intereses básicos de los niños, así como del modo en que los animales simbolizan sus deseos y sus temores.

Los niños asisten al doble de actos violentos en sus sueños que en el caso de los adultos. En ocasiones son los propios niños quienes protagonizan dichas agresiones, si bien lo más habitual es que aparezcan como víctimas, de ahí que en sus sueños el temor sea una de sus emociones más recurrentes.

El psicólogo estadounidense Robert Kegan sugiere que este elevado nivel de agresividad representa la dificultad que tienen los niños para integrar sus propios impulsos, tan poderosos como espontáneos, en el orden social y el control que les exigen los adultos. Por otro lado, los animales salvajes, los monstruos y la figura del coco que pueblan los sueños infantiles parecen simbolizar asimismo la propia consciencia interior de que dichos impulsos acechan justo bajo la superficie consciente de su comportamiento y de que, al menor descuido, amenazan con aflorar y causar estragos en la mente consciente.

Según la teoría psicoanalítica, la figura del coco, además de representar diversos aspectos concretos del niño en cuyos sueños aparece, puede simbolizar a los padres y otros adultos autoritarios.

Y es que a los niños pequeños les resulta muy difícil conciliar la vertiente afectuosa y protectora de una madre o un padre con su función de imponer disciplina y obe-

diencia. En este sentido, tanto las brujas como los lobos no son más que la representación del papel punitivo de los padres, mientras que los actos de agresión contra los símbolos paternales simbolizan precisamente su deseo de liberarse de la autoridad que ejercen los adultos.

Según Freud, la relativa ausencia de deseo sexual en los niños simplifica la naturaleza de la realización de sus deseos y deja el camino allanado a otro gran deseo, el de la comida. Los seguidores de Jung, sin embargo, defienden un nivel de interpretación de los sueños infantiles que va más allá de los meros deseos e impulsos al reconocer en las figuras del coco, el héroe y la heroína unas imágenes arquetípicas ya activadas en el inconsciente del niño, que simbolizan no sólo aspectos varios de la vigilia, sino también el sentido místico de su propia naturaleza interior.

Sueños en la infancia

Caso real VI

*La protagonista es una niña de
ocho años que tiene problemas con
su maestro. Este sueño tuvo lugar tras
realizar una visita con la clase
al museo de la ciencia, salida
en la que, según el maestro, la niña
no disfrutó.*

El sueño: «Enfrente de la escuela había un gran camión con una especie de caldera detrás y el maestro dijo que pensaba que podía estallar. Un hombre salió del camión y vino hacia mí, pero yo tenía miedo y me fui corriendo. Luego estaba en el coche con mi padre y huíamos de ese hombre, y mi padre se saltó un semáforo en rojo.

»Entonces, alguien dijo que aquella cosa había explotado. Mi padre dijo que debíamos

regresar a la escuela y ver qué había pasado, pero yo no quería volver allí.»

La interpretación: La explosión que amenaza con destruir la escuela está claramente relacionada con el maestro y podría simbolizar lo que para la pequeña representan sus estallidos de cólera. A su vez, el hombre amenazador que sale del camión simboliza precisamente el miedo que siente ante él. La niña confía en su padre para que le ayude a escapar, pero sabe que sólo puede hacerlo transgrediendo las reglas del mundo de los adultos, como es el hecho de saltarse el semáforo en rojo. Pero tan pronto como se entera del enfado del maestro (la explosión), decide regresar a la escuela. Si bien ella no quiere volver, se da cuenta de que tiene que aprender a aceptar los aspectos en ocasiones imprevisibles e incluso amenazadores del mundo de los adultos, encarnados por la figura de su maestro.

Caso real 05

CASO REAL VII

La protagonista es una atleta que destaca por su determinación en la pista, pero cuyas relaciones y vida social han sido siempre problemáticas e insatisfactorias.

Caso real VII

El sueño: «Era verano y me encontraba de pie en medio de una amplia carretera que se perdía en la distancia. De repente vi a varias personas que se aproximaban a lo lejos y me di cuenta de que, a pesar de que iban corriendo, apenas lograban avanzar nada. Yo permanecí quieta y sentí un frío mortal. Después me encontré a lomos de un caballo que se limitaba a pastar y se resistía a avanzar. De repente, me vi lejos del caballo persiguiendo algo o a alguien, determinada a darle alcance y a castigarle por provocarme estas pesadillas. El individuo en cuestión entró en una habitación que había al fondo de un pasillo y pensé: "¡Ya te tengo!", pero nada más entrar la puerta de la habitación se cerró de golpe a mis espaldas y aquella criatura se volvió hacia mí con un rostro horrible gritando en señal de triunfo.»

La interpretación: En tanto que atleta, la persona que ha tenido el sueño podría «resolver» sus problemas sencillamente corriendo más rápido que sus contrincantes, pero en este angustioso sueño no puede escapar, y aun cuando «alguien» que se le aproxima en actitud amenazadora avanza deliberadamente muy despacio. La propia atleta interpretó este hecho como la impotencia que siente en sus relaciones con los demás, algo cuyas causas se empeña en desvelar.

El caballo puede representar la fuerza natural de sus emociones, incapaz de conducirla por el amplio tramo de carretera que conduce a una relación estable.

La terrible escena final, en la que aparece encerrada dentro de una habitación cara a cara con el «horrible» demonio de su propia ansiedad, la interpreta con las siguientes palabras: «Significa que yo misma provoco mis propias dificultades. Yo soy mi peor enemigo».

Caso real VIII

GUÍA
DE SUEÑOS

Los sueños vienen a ser una especie de conversación que cada uno de nosotros mantiene consigo mismo, en un lenguaje simbólico que envía mensajes desde nuestro inconsciente a la mente consciente. Somos a un mismo tiempo autores y actores de nuestros propios sueños.

En los sueños del primer y el segundo nivel (*véase* pág. 42), que afloran directamente del inconsciente personal, la mente soñadora se comunica a través de símbolos que poseen para la persona que los sueña un determinado significado y que, en su mayoría, tienen su origen en sucesos recientes vividos en la vigilia. Esta guía se ha concebido como un punto de partida que invita a interpretar los sueños en ella recogidos para, de ese modo, poder comprender mejor la riquísima imaginería de nuestra mente.

Los sueños del tercer nivel, que nacen del inconsciente colectivo (*véase* pág. 57), establecen sus asociaciones con una gran variedad de arquetipos (*véase* pág. 65).

Jung desarrolló la técnica de la amplificación

(*véase* pág. 58) precisamente con la finalidad de desentrañar su significado.

La primera parte de esta guía se estructura en torno a los temas más importantes, mientras que en la segunda se analizan los fenómenos oníricos más habituales y se les ofrece posibles explicaciones.

Después de leer esta guía, tal vez logre conseguir que sus sueños empiecen a expresar estos temas con un lenguaje inteligible para su mente en estado consciente.

Primera parte:
TEMAS

Cambio
y transición

Nuestra mente consciente no siempre llega a percibir las perturbaciones psicológicas y emocionales que acompañan a los principales cambios de nuestra vida, pero el inconsciente sí que lo hace.

Si en nuestro inconsciente nos encontramos nerviosos e inseguros ante una po-

Cambio y transición

Cambio y transición

TRANSFORMACIONES

Si en el sueño se da un cambio de otoño e invierno a primavera y verano, puede que se estén produciendo profundas transformaciones en el interior de la persona. Los puentes suelen asociarse con el cambio, ya que abarcan los límites entre el pasado y el futuro, y aluden a las posibilidades del otro lado.

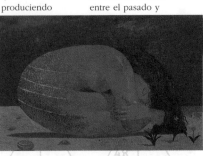

sible situación de cambio, es más que probable que en nuestros sueños afloren imágenes relajantes del modo en que vivíamos antes, así como de los escenarios más familiares. La mente soñadora puede también mostrar su ansiedad ante una transición determinada exagerando la sensación de extrañeza, imbuida de un sentimiento de temor. De todos modos, lo normal es que los sueños nos aconsejen sobre la conveniencia y la inevitabilidad de los cambios.

OBJETOS QUE COBRAN VIDA

Si en un sueño un objeto inanimado cobra vida, es posible que algún potencial interior desconocido hasta el momento esté en condiciones de desarrollarse.

ENTORNOS DESCONOCIDOS
Si el entorno desconocido transmite sensación de estar perdido o de desasosiego, puede que quien sueña no esté listo para dar un nuevo rumbo a su vida. Los sentimientos de entusiasmo sugieren lo contrario.

En este sentido, suelen señalar la dirección más adecuada que hay que tomar, no sin advertir sobre los posibles escollos del camino, o bien animar a la persona durante el período de transición.

La necesidad de un cambio puede manifestarse en sueños con situaciones como las de redecorar la casa, cambiar de ropa o comprar libros nuevos para sustituir a los antiguos. Los sueños en que hay que cruzar una carretera, un río o un puente advierten de los riesgos del cambio, pero también pueden simbolizar su naturaleza irrevocable.

DIRECCIÓN
E IDENTIDAD

Si tenemos miedo de perder el rumbo de nuestras vidas, es probable que en nuestros sueños aparezcan situaciones como la de estar atrapado en medio de la niebla o la de pasear por un lugar desconocido. Si nuestro periplo onírico va asociado con la sensación de ansiedad, es síntoma de que tal vez no estamos preparados para abandonar los confines seguros de nuestra mente consciente, y de que, tal vez, deberíamos reflexionar un poco antes de continuar acercándonos al «verdadero yo». De todos modos, si el camino se nos va despejando y se aguarda con ilusión la meta, es señal de que posiblemente ya es hora de emprender un nuevo camino.

Siempre que sepamos interpretarlo, un mapa o un plano simbolizan siempre una dirección segura, pero si por el contrario es ininteligible, es probable que la sensación de desorientación vaya acompañada de frustración y pánico. En los sueños, el mapa puede representar el conocimiento de uno mismo, y la incapacidad de interpretarlo correctamente nos alerta del riesgo de nuestro propio desconocimiento.

UN COCHE SIN CONTROL
Salir despedido de un coche o de un tren manifiesta ansiedad por la pérdida del rumbo de nuestra vida.

MÁSCARAS
Si uno se intenta quitar en vano una máscara o bien se le obliga a llevar puesta una, el sueño sugiere la posibilidad de que el yo verdadero se encuentre cada vez más oculto.

Dirección e identidad

El temor a la pérdida de identidad suele dar origen a sueños en que la persona que los tiene es incapaz de pronunciar su nombre, o bien de mostrar documentos que le acrediten cuando se le pide que se identifique.

Dirección e identidad

EXTRAÑOS EN EL ESPEJO
Pocas cosas hay más inquietantes que mirarse en el espejo y ver en él el rostro de otra persona, típico sueño que simboliza la crisis de identidad, cuando de repente uno no sabe quién es.

Dirección e identidad

Dirección e identidad

LABERINTOS
La presencia de
un laberinto en un
sueño suele estar
relacionada con
un descenso al
inconsciente
de la persona
que está soñando.
Puede simbolizar
las complejas
defensas con
las que el yo
consciente impide
que afloren los
deseos y los
impulsos del
inconsciente.

ÉXITO Y FRACASO

Al igual que en el estado de vigilia, el éxito y el fracaso ocupan un lugar preferente en nuestros sueños. Por muy grande que sea el estado de ansiedad, en el fondo de nuestro corazón tendemos a creer que las situaciones de fracaso siempre se pueden remontar, aunque la certeza de que el éxito es siempre efímero es, si cabe, todavía más apabullante. Ante el acoso de las tropas griegas,

el príncipe persa Jerjes soñó que tenía sobre la cabeza una corona de olivo cuyas ramas abarcaban todo el mundo, hasta que de repente ésta desapareció, presagio inequívoco de que no tardaría en perder todo lo conquistado. De todos modos, la mayoría de los sueños relacionados con el éxito o el fracaso tienen que ver más con sucesos vividos durante la vigilia que con el estado de ánimo de la persona en cuestión.

Los sueños de fracasos suelen contener a menudo situa-

PREMIOS
Aun cuando la naturaleza del premio sea oscura, es señal inconfundible de triunfo.

ciones como las de llamar a una puerta y no obtener contestación, encontrarse sin dinero en el momento de ir a pagar el taxi o saldar una deuda, o perder una competición o un debate.

Por el contrario, el éxito suele representarse mediante el resultado favorable de una transacción, a menudo acompañado de un sentimiento de realización o incluso de júbilo. Una barrera o cualquier obstáculo similar suele simbolizar un determinado reto al que se tiene que hacer frente durante el estado de vigilia. El hecho de saltar por encima de él puede representar no sólo la posibilidad de enfrentarse a él con éxito, sino también la confianza necesaria para salir airoso del trance. Los sueños del tercer nivel (*véase* pág. 42) en ocasiones suelen reflejar el éxito en el proceso de crecimiento y transformación interior.

Éxito y fracaso

GANAR UNA CARRERA
Representa el reconocimiento del potencial que hay en cada uno de nosotros. El hecho de quedar segundo o tercero puede sugerir la posibilidad de que las aspiraciones sean mayores que nuestras capacidades.

COMUNICACIÓN INTERRUMPIDA
La imposibilidad de hacerse oír o de dar una buena impresión de uno mismo se asocia al sentimiento de incapacidad personal y de necesidad de hacerle frente en el estado de vigilia. El no ser capaz de hacerse entender por teléfono sugiere debilidad de las ideas planteadas, o bien la incapacidad de transmitirlas convincentemente.

ANSIEDAD

La ansiedad quizá sea el estado emocional que expresamos con mayor frecuencia en sueños. Al dormir, los temores suelen aflorar a la consciencia y poblar los sueños de símbolos inquietantes y muy representativos, así como de estados de ánimo oscuros e inquietos. Estos sueños no sólo ilustran hasta qué punto tenemos arraigadas estas situaciones de ansiedad, sino que además nos recuerdan la necesidad de abordar sus causas, bien afrontándolas a través de un reto planteado desde el exterior, bien aprendiendo a perderle miedo a las situaciones difíciles de la vida.

Los sueños relacionados con la ansiedad se reconocen fácilmente gracias a la carga emocional a la que suelen ir asociados. Una de las situaciones más habituales es la de tener que cumplir varias obligaciones a la vez, así como la de realizar una labor que parece no tener fin. Otros ejemplos de sueños motivados por la ansiedad son aquellos en que uno aparece arrastrándose por el interior de un túnel estrecho (que a menudo representa el esfuerzo que hacemos al nacer) o bien asfixiándose en medio de una nube de humo. Si la ansiedad tiene su origen en una

CAER
Caer desde una gran altura puede significar que se ha subido demasiado alto en lo profesional o lo personal, y que se está a punto de caer.

VERSE PERSEGUIDO
por una presencia invisible pero aterradora suele indicar la conveniencia de integrar en la consciencia diversos aspectos del yo.

inadaptación social, es fácil que en los sueños se den situaciones embarazosas en público, como hacer el ridículo en una pista de baile atestada de gente.

Sucesos dramáticos como caer en manos de una banda de perversos secuestradores pueden reflejar problemas de índole cotidiana. La finalidad de estas manifestaciones de terror extremo suele ser la de subrayar la necesidad de sacar a la consciencia deseos e impulsos reprimidos como primer paso para tratarlos.

Ansiedad

FRUSTRACIONES
Ser detenidos responde a cierto sentimiento de culpa. La incapacidad de lograr lo que queremos sugiere una falta de comunicación entre el consciente y el inconsciente.

AHOGARSE
Ahogarnos o luchar por mantenernos a flote en aguas profundas simboliza el temor a ser engullido por las fuerzas ocultas de las profundidades del inconsciente.

INTENTAR CORRER
Cuando se intenta correr pero las piernas no responden, o se avanza de forma muy lenta, suele ser consecuencia de mecanismos cerebrales que impiden que nos movamos dormidos.

BIENESTAR Y OPTIMISMO

Los sueños optimistas o felices pueden darse en cualquier momento, incluso en aquellos períodos de la vida en que nos sentimos más agobiados. Este tipo de sueños suele dejarnos exaltados y contentos, no sólo con respecto a nuestra propia vida, sino también con el mundo entero.

Los sueños de contenido optimista suelen incluir símbolos de buena suerte o de paz, tanto en forma de imágenes conocidas, como una piedra o un color de la buena suerte, como en la de otras de tipo más universal, como un gato negro, una paloma o una rama de olivo. Hay quienes interpretan estos sueños como presagios de éxitos futuros, mientras otros los ven como el inicio del viaje hacia la realización plena.

Los sueños en que aparecen los números de la suerte de la persona en cuestión

MIEL Y ABEJAS
Las abejas se han considerado durante mucho tiempo como símbolo de paz y prosperidad.

LUZ

Se cree que la presencia de luz en un sueño sugiere que el consciente está en pleno proceso de iluminación. A través de la amplificación de este tipo de sueños, se pueden llegar a establecer asociaciones de índole religiosa, como la que presenta a Jesucristo como la luz del mundo.

suelen provocar optimismo, aunque no tanto como la visión del arco iris, símbolo arquetípico de la esperanza y la reconciliación. La puerta es, también, un motivo muy recurrente en los sueños, y simboliza la entrada a un nuevo mundo de oportunidades e iluminación.

Los sueños lúcidos (*véase* pág. 31), que suelen caracterizarse por ir asociados a sentimientos de alegría e ilusión, suelen contener en numerosas ocasiones colores particularmente intensos y estimulantes.

Cuando se analizan a través de la técnica de la amplificación, los sueños relacionados con el bienestar y el optimismo suelen presentar asociaciones con los campos elíseos, el paraíso de la mitología clásica.

Bienestar y optimismo

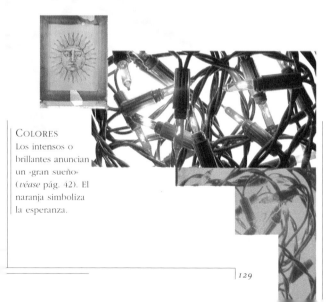

COLORES

Los intensos o brillantes anuncian un «gran sueño» (*véase* pág. 42). El naranja simboliza la esperanza.

AUTORIDAD Y RESPONSABILIDAD

Las personas que ostentan puestos de responsabilidad y autoridad en la vida diaria suelen tener sueños que reflejan dicha condición, en los que suelen darse situaciones como la de tener que hacer frente a una emergencia o atender un gran número de encargos a la vez.

En ocasiones, los sueños relacionados con la autoridad y la responsabilidad derivan en sueños dominados por la ansiedad, en los que la persona en cuestión se ve dando órdenes que nadie obedece o sufriendo un repentino reproche por parte de sus superiores. Estas escenas subrayan los sentimientos de inseguridad de la persona que las sueña y sugieren la necesidad de integrarse de una forma plena en su papel público.

LLEVAR SOMBRERO DE COPA
Las coronas y los sombreros de copa son típicos símbolos de autoridad, y quien los lleva se siente superior.

Los sueños de autoridad y responsabilidad pueden revelar asimismo sentimientos de frustración o de resentimiento hacia la sobredependencia de otras personas. En estos casos, este tipo de sueños satisface un doble propósito, al permitir primero, manifestar de forma inocua estos sentimientos y, segundo, al poner de relieve el papel sobredimensionado que uno desempeña en su vida diaria.

Mucha gente sueña que está sentada presidiendo una mesa alargada. Cuanto más larga sea ésta, tanto mayor será el número de personas que el protagonista tiene a su cargo. Si los comensales rechazan la comida, es símbolo de que desaprueban al que preside la mesa, o bien de que se niegan a aceptar su autoridad.

PILAS
DE PAPELES
AMONTONADOS
Soñar con un escritorio con una enorme pila de papeles amontonados es típico de la ansiedad en personas que ostentan alguna autoridad. El sueño puede intentar hacerles ver que no gestionan bien su trabajo.

Autoridad y responsabilidad

RELACIONES PERSONALES

Al analizar los sueños relacionados con las relaciones, es fundamental tener presente que la mente que sueña no intenta duplicar la realidad, sino más bien comentarla, de ahí que con frecuencia se valga de personajes oníricos a modo de símbolos y no de retratos de personas reales con las que la persona que sueña convive en la vida real.

Mediante el método de la asociación directa, puede darse el caso de que, en un sueño, una persona desconocida encarne las características de la mujer o el marido, al tiempo que el cónyuge puede simbolizar algún aspecto de la persona que sueña. De ello se desprende que la prioridad del sueño es el mensaje y no tanto retratar a la gente tal cual es en la vida real, de ahí que al analizar un sueño el hecho de que un amigo aparezca convertido en un desconocido revele un importante sentimiento de ambivalencia con respecto a esa relación de amistad por parte de la persona que sueña. El rechazo repentino de un ser amado se traduce a su vez en el rechazo por parte del que sueña de una parte de sí mismo. Por otro lado, la separación de uno de los hijos puede representar la pérdida de ideales, o bien

REPARAR COSAS
Reparar un electrodoméstico, por ejemplo una radio, suele indicar la necesidad de trabajar más una relación para que no se deteriore. Un electrodoméstico desmontado pieza por pieza sin motivo aparente puede tener ese mismo significado.

el fracaso a la hora de hacer realidad determinadas ambiciones personales.

En otras ocasiones, los personajes que salen en los sueños parecen representarse a sí mismos, aunque siempre con la finalidad de llamar la atención sobre un aspecto desconocido de nuestra relación con ellos. Si se sueña a menudo con miembros de la familia, tal vez haya un exceso de dependencia hacia ella. Asimismo, los padres recién estrenados suelen soñar a menudo que su hijo recién nacido se cae de la cama, símbolo que tal vez exprese la ansiedad que viven ante su nuevo papel como padres.

Cuando no se logra establecer una comunicación por teléfono, es probable que nos encontremos ante una pérdida de intimidad en una relación, mientras que los

PÁJAROS

Los mirlos representan los celos. Las urracas, ciertos aspectos del yo robados por la pareja.

HOTELES

Los hoteles suelen representar la no permanencia, una fase de transición en una relación, o incluso la pérdida de la propia identidad.

sueños donde se experimenta intenso calor o frío pueden simbolizar, respectivamente, la pasión o la indiferencia hacia la pareja.

Durante el proceso de amplificación, los símbolos de los sueños del tercer nivel suelen revelar asociaciones con temas míticos como el amor entre Isis, símbolo de la maternidad en el antiguo Egipto, y Osiris, a

FUEGO

Se trata de un símbolo onírico tan poderoso como ambivalente, pues al mismo tiempo que destruye, limpia y purifica. En los sueños suele simbolizar un nuevo comienzo o bien intensas emociones, tal vez las llamas de la pasión o de la envidia.

PLUMAS

Las plumas simbolizan a menudo el deseo de mostrar amor o ternura hacia una persona muy próxima.

quien según cuenta la leyenda amó estando incluso en el propio vientre.

Otro de los arquetipos que suelen salir a la luz durante el proceso de amplificación es el de la bruja, símbolo del papel punitivo y aterrador de la gran madre presente en los mitos y los cuentos populares de todo el mundo. De la misma manera que la bruja simboliza la capacidad destructiva de la madre, otro tanto sucede con las figuras del gigante y del ogro, sólo que en este caso referidas al padre.

ORO EN POLVO
Soñar con polvo de oro que se escurre entre los dedos de la mano puede simbolizar el pesar por el final de una relación con una persona muy querida, o cualquier otra experiencia muy próxima al corazón de quien la sueña.

ARAÑAS
En los sueños, la figura de la madre devoradora que consume a sus hijos a través de una excesiva autoridad o posesividad suele aparecer simbolizada por medio de una araña. La telaraña que ésta teje para atrapar a otras presas es otra imagen onírica muy recurrente.

Relaciones personales

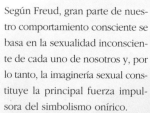

SEXUALIDAD

Según Freud, gran parte de nuestro comportamiento consciente se basa en la sexualidad inconsciente de cada uno de nosotros y, por lo tanto, la imaginería sexual constituye la principal fuerza impulsora del simbolismo onírico.

Los freudianos suelen asociar la mutilación con la castración, y el hecho de golpearse a uno mismo o a otras personas, con la masturbación. De igual modo, montar a caballo o en bicicleta, cortar leña o participar en cualquier actividad que presente una cadencia rítmica se asocia con el acto sexual, al igual que ocurre con el hecho de subir escaleras o una montaña, el romper de las olas en la orilla, el transcurso de un viaje o bien la intersección de un objeto con otro, como la de una llave al introducirse en la cerradura. Los objetos que se desinflan, como un globo que se precipita, suelen simbolizar la impotencia, y las puertas o ventanas cerradas, la frigidez.

En opinión de Jung, no obstante, incluso los temas sexuales explícitos pueden ser símbolos de procesos creativos superiores. Son numerosos los precedentes culturales que ilustran esta afirmación, como las

Sexualidad

ROSA ROJA
Para Freud, ésta suele representar los genitales de la mujer.

LÁTIGOS
Los látigos suelen simbolizar la consciencia que se tiene del poder, la dominación y la obediencia en las relaciones.

esculturas eróticas que embellecen el exterior de numerosos templos hindúes, que no sólo aluden a la unión del hombre y la mujer, sino también a la integridad dentro de uno mismo y al matrimonio entre la tierra y el cielo, lo mortal y lo divino, el espíritu y la materia.

AGUA A BORBOTONES

Los objetos de los que mana agua a borbotones suelen simbolizar la eyaculación o bien un estallido de creatividad.

CUCHILLOS

El cuchillo o la daga es el símbolo sexual masculino más corriente. Puede representar el pene por su capacidad de penetrar, o bien la masculinidad en sus asociaciones con la violencia y la agresión. Puede representar también la «espada de la verdad» que corta la falsedad y la ignorancia, o bien los falsos deseos.

PLUMAS Y VELAS

Tanto unas como otras simbolizan el pene, ya que están siempre erectas. En los sueños, suelen simbolizar la masculinidad.

COPAS

La copa es un clásico símbolo sexual femenino. De todos modos, dado que puede contener vino, se puede asociar asimismo con el Santo Grial y simbolizar, de este modo, el amor y la verdad.

TERCIOPELO O MUSGO

Para Freud, el terciopelo y el musgo suelen representar el vello púbico. Hay también quien los interpreta como símbolos de un deseo más general de conseguir las cosas buenas de la vida, o bien de ternura, sensibilidad o inocencia.

SOMBREROS Y GUANTES

Dado que envuelven partes del cuerpo, se suelen interpretar como símbolos de los órganos sexuales de la mujer.

BOLSOS

El bolso es uno de los símbolos sexuales femeninos más habituales, y representa tanto los órganos sexuales como el vientre de la mujer.

ZAPATOS

Hay quien asocia los zapatos con la sexualidad, dado que reciben en su interior otros objetos o una parte del cuerpo. Los zapatos de mujer representan a veces el carácter dominante de la sexualidad femenina.

Sexualidad

RABIA Y FRUSTRACIÓN

En los sueños en que realizamos aparentemente tareas sin sentido, como construir una casa con cartas, éstas sirven para eliminar el dominio tenaz que el ego ejerce sobre la consciencia, o bien recuerda que la capacidad de convivir con frustraciones inevitables es signo de madurez personal.

La rabia es un sentimiento que la mente consciente suele negar, reprimir o interpretar erróneamente en no pocas ocasiones. Puede representar aspectos positivos del desarrollo psicológico, como el coraje, la firmeza y el liderazgo, y suele asociarse también con el efecto depurativo de la indignación justificada. De hecho, en los sueños incluso sus manifestaciones más negativas pueden resultar de gran ayuda, ya que en ellos su absurdidad o capacidad de destrucción resulta aún más evidente. Además, en ocasiones los sueños sugieren los objetos hacia los que sería más conveniente dirigir ese sentimiento de rabia.

La frustración, que suele ir asociada con la rabia, suele ocupar también un lugar destacado en nuestros sueños, como cuando nos vemos perdiendo un tren o llegando tarde a una cita, o bien somos incapaces de leer un mensaje importante. En todas estas situaciones, el sueño puede estar recordándonos la necesidad de descubrir la causa de la frustración o de trabajarla más en el caso de que la conozcamos de antemano.

SENTIMIENTOS CONTENIDOS

Un sentimiento de rabia o frustración reprimido, puede representarse con imágenes como una bombona de gas; y una ira desenfrenada, mediante llamas que se espanden sin control. La rabia hacia alguien suele aflorar en sueños en que se prepara una pócima venenosa contra ella o se rompe una fotografía suya.

Rabia y frustración

UNA PRESA QUE SE DESBORDA

Todo aquello que sugiere un poder controlador que cede ante el ímpetu de unas fuerzas contenidas desde dentro suele simbolizar un sentimiento de rabia o de frustración que queda fuera de control. Una riada que corta una carretera representa asimismo la frustración y sugiere la necesidad de buscar una vía alternativa, dejando claro que siempre suele haber más de una forma de afrontar las frustraciones.

Pérdida de seres queridos

Alejamiento de un ser querido

La distancia suele simbolizar el duelo, como cuando se ve a un ser querido que se aleja o dice adiós con las manos desde lo alto de una colina distante.

Monedero vacío

El monedero o el bolsillo vacío puede indicar la pérdida de un ser querido y el sentimiento de seguridad asociado a dicha persona.

La necesidad de que la vida continúe implica, en no pocas ocasiones, que apenas haya tiempo de lamentarse por la muerte o la partida de un ser querido. En tales casos, son precisamente los sueños los que suelen hacerlo por nosotros, de ahí que las imágenes de tales pérdidas formen parte del proceso de curación.

Cualquier tipo de pérdida suele simbolizarse mediante la búsqueda desesperada de un rostro familiar en medio de la multitud, o bien a través de escenas de polvo y cenizas. Los sueños pueden tener una poderosa carga de nostalgia e incluir escenas agradables o incluso conmovedoras de nuestro pasado. Ello se explica por la necesidad de una parte del inconsciente de repetir una y otra vez dichas experiencias como una válvula de seguridad emocional hasta que se acepta del todo que dicha pérdida se ha consumado realmente.

Pérdida de seres queridos

UNA CASA A OSCURAS

En los sueños, la casa suele representar a quien sueña, o bien las cosas que dan estabilidad y sentido a su vida. Las ventanas vacías u oscuras sugieren la desaparición de un ser querido y, con él, aspectos fundamentales de su vida consciente.

A veces, los sueños relacionados con el duelo se sitúan en el futuro más que en el pasado, de ahí que ese ser querido que ya no está con nosotros pueda aparecer en un contexto feliz, como si todavía estuviera vivo. Estos sueños tienen como finalidad dejar en la mente consciente un sentimiento de bienestar, incluso de júbilo, y muchas veces son tan reales que uno acaba convenciéndose de que existe vida después de la muerte.

143

RELIGIÓN
Y ESPIRITUALIDAD

En opinión de Jung, la búsqueda de la verdad espiritual y religiosa es uno de los impulsos más poderosos de la psique y mana directamente del inconsciente colectivo.

Tanto la religión como la espiritualidad suelen manifestarse en los «grandes sueños» del tercer nivel, en los que la mente soñadora se encuentra ante la figura del anciano sabio o bien con otras figuras arquetípicas que simbolizan la sabiduría y que nos revelan sus verdades y sus enseñanzas. Otros arquetipos toman a veces la apariencia de símbolos o iconos religiosos, y durante los sueños pueden vivirse experiencias de carácter trascendental que dejan un profundo sentimiento de exaltación y de paz interior.

Los sueños del primer y del segundo nivel suelen presentar el mundo espiritual en términos mucho más prácticos.

Los que incluyen sacerdotes u otros cargos religiosos suelen representar la autoridad

EL BUDA
La aparición en sueños de la imagen de Buda suele sugerir la necesidad de encontrar la paz interior dentro del propio ser.

de la Iglesia oficial o su equivalente, mientras que los que cuentan con santos cristianos, *avatares* hindúes o *boddhisattvas* budistas simbolizan diversos aspectos de la identidad o las aspiraciones espirituales de la persona que sueña.

Los sueños que a simple vista pudieran tener una connotación sexual, como en los que se escalan montañas o árboles, pueden simbolizar cierto progreso desde un punto de vista espiritual. Una iglesia puede representar el yo purificado o la riqueza y el misterio de las enseñanzas espirituales. El vuelo de un águila, encarnar una aspiración de índole espiritual, mientras que el hecho de caerse al suelo podría avisar de los peligros del orgullo.

La amplificación de los sueños de carácter espiritual nos lleva a cualquiera de los mitos de la creación o de la reencarnación.

Religión y espiritualidad

SHIVA
Shiva simboliza la dualidad característica de esta divinidad hindú: la destrucción y la creación.

VIRGEN MARÍA
La aparición en
sueños de la figura
de la Virgen suele
asociarse con
un sentimiento
supremo de amor
o de compasión,
con el poder
celestial encarnado
por la gracia
y la santidad.

**LUMI-
NOSIDAD**
Un ente
luminoso es
una imagen
arquetípica que
encarna el
principio espiritual
universal, presente
en todas las
culturas y
las religiones.

SEGUNDA PARTE: SÍMBOLOS

EL CUERPO

El cuerpo

En las culturas del antiguo Egipto, Grecia, Roma y la Europa medieval, el cuerpo venía a ser una especie de metáfora del mundo espiritual. En ese sentido, los sueños también asocian el cuerpo con el dominio de lo espiritual. La naturaleza corporal de la persona que sueña, así como del resto de los personajes que aparecen en sus sueños, puede reflejar ciertos rasgos de la psique, o bien diversos niveles de progreso psicológico o espiritual.

Los sueños se valen de símbolos corporales, ya que las imágenes resultantes son fácilmente inteligibles para la mente consciente. Así, un sueño puede recurrir al símbolo de unos ojos para de este modo poder relacionarlo con el mundo interior del «alma», o bien valerse de la metáfora de la fortaleza física para referirse a la dimensión íntima de las resoluciones de carácter moral.

La mente soñadora puede llegar a ser muy creativa en lo que a metáforas corporales se refiere. Cuando estamos dormidos, los sentimientos de pudor y decoro, tan característicos de la vida real, suelen quedar en suspenso, de ahí que en los sueños se haga un uso libre de esos símbolos sin que éstos nos perturben como ocurre con la mente en estado consciente. Así, por ejemplo, además de las imágenes eróticas, los sueños pueden recurrir a los intestinos para simbolizar que se tienen «entrañas» y valor. También puede establecerse una relación simbólica entre el cuerpo y el mundo exterior, de forma que el hecho de, por ejemplo,

El cuerpo

IZQUIERDA Y DERECHA
Para los seguidores de Jung, la mitad derecha del cuerpo suele aludir a aspectos de la vida consciente, mientras que la izquierda se refiere al inconsciente.

El cuerpo

lavarse las manos pueda interpretarse como el rechazo a asumir cierta responsabilidad, un proceso de purificación o bien un sentimiento de culpa o inmoralidad.

Por otro lado, los sueños pueden recurrir al cuerpo para avisar de posibles problemas de salud, o para expresar sentimientos relacionados con la dieta o el ejercicio físico. En un principio, se creía que los sueños relacionados con el cuerpo servían para adivinar el futuro. Thomas Tyron, un intérprete de sueños inglés del siglo XIX, estaba convencido de que si se soñaba que la barriga era más grande de lo habitual, era presagio de nacimiento o prosperidad, si aparecía la espalda de uno mismo era señal de mala suerte o de estar ya viejo.

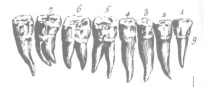

LOS HUESOS
Éstos pueden representar la esencia de las cosas. Si uno es despellejado o se le corta la carne hasta el hueso indica iluminación repentina. Los huesos rotos aluden a debilidades básicas.

LOS DIENTES
Artemidoro creía que la boca simbolizaba la casa, y los dientes, sus ocupantes. Los dientes (caídos, rotos, etc.) protagonizan un gran número de sueños relacionados con la ansiedad.

LOS OJOS
Son las ventanas
del alma y
ofrecen las claves
para interpretar
el estado de salud
espiritual del
individuo.

LA BOCA
Para Freud
representa una
fijación al principio
del desarrollo
psicosexual.

EL CABELLO
A menudo
simboliza la
vanidad. El
afeitado de la
cabeza representa
la renuncia
a lo mundano.

EL CORAZÓN
El corazón es el
arquetipo del
centro de la vida
emocional y
también simboliza
el amor.

NACIMIENTO Y RESURRECCIÓN

Parece como si el inconsciente colectivo no reconociera la existencia de un final y se proyectara, por el contrario, en un ciclo de cambios constantes. A menudo, los sueños representan el renacimiento y la renovación al devolvernos a nuestra infancia y superponer viejos recuerdos con otros mucho más recientes. En ese sentido, en un sueño en que se regresa a la infancia suelen reflejarse preocupaciones propias de la etapa adulta, como el deseo de rejuvenecer, y no responde tanto a un deseo de retornar a nuestros años de formación. De igual modo, si soñamos que somos más viejos de lo que en realidad somos, esa diferencia de edad puede simbolizar tanto la sabiduría como la rigidez o incluso la enfermedad.

La resurrección (la vuelta a la vida de personas, animales o árboles) es todo un clásico dentro de los arquetipos oníricos y suele ir asociada con la sustitución de ideas o desafíos del pasado por otros nuevos. No obstante, estos sueños pueden aludir

ENCONTRAR UN HUEVO
Encontrar un huevo, un bebé u otra imagen relacionada con el nacimiento puede simbolizar la consolidación de nuevos horizontes en la vida cotidiana.

EL NIÑO DIVINO
Se trata de uno de los símbolos arquetípicos más importantes y representa la perfección, la vuelta al momento del nacimiento y la inocencia de la sabiduría primigenia. Se ha asociado en numerosas tradiciones espirituales con el nacimiento virginal, y simboliza el potencial espiritual de cada uno de nosotros, presente en todo momento bajo la capa superficial de los intereses mundanos.

Nacimiento y resurrección

asimismo a antiguos problemas que en su momento no se resolvieron del todo.

El nacimiento, que suele tener lugar en la boca, el vientre o los órganos genitales de la persona que sueña, suele asociarse a menudo con ideas o soluciones nuevas, que, o bien satisfacen un deseo existente, o bien señalan la existencia de una serie de posibilidades que esperan ser exploradas.

DESNUDEZ Y VESTIMENTA

Desnudez y vestimenta

En los sueños del tercer nivel, la desnudez representa a veces la propia naturaleza espiritual, o el yo auténtico, mientras que en los sueños del primer y del segundo nivel suele asociarse con la vulnerabilidad, el deseo de despojarse de las defensas o de liberarse de la vergüenza, o bien el amor por la verdad. Un exceso de ansiedad con respecto a la desnudez de uno mismo o de otras personas suele sugerir cierto temor a la honestidad y la naturalidad en las relaciones, o bien el fracaso a la hora de aceptar y asimilar el potencial sexual de cada uno. Para Freud, la desnudez puede representar además el anhelo de la inocencia sexual propia de la infancia, o bien la expresión de cierto exhibicionismo sexual reprimido, consecuencia, por lo general, de la actitud censora mostrada por los padres durante las fases exhibicionistas de la infancia.

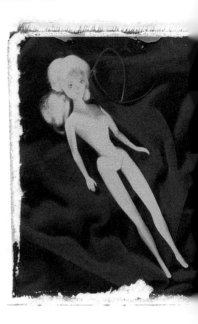

EL DESNUDO FEMENINO
Venus y otras diosas clásicas suelen aparecer casi o del todo desnudas. Esta desnudez divina se convirtió en símbolo de la belleza y el amor sagrados.

ACEPTAR LA DESNUDEZ
El hecho de aceptar la desnudez de los demás indica la capacidad de uno para aceptar a cada persona tal cual es.

LA DESNUDEZ EN LOS NIÑOS
Los niños desnudos suelen simbolizar la inocencia, pero también pueden representar la travesura o el amor.

INDIFERENCIA
Soñar que estamos desnudos ante los demás sugiere que es necesario despojarse del temor a verse rechazado.

La vestimenta resulta asimismo ambivalente. Puede adoptar la forma de las brillantes prendas de luz que visten los santos, las divinidades y los ángeles, o bien simbolizar la vanidad terrenal, ese deseo de engañar a través de las apariencias o de disimular un motivo de vergüenza o de imperfección.

A pesar de que la ropa tapa la desnudez, también puede, sin embargo, dirigir la atención sobre lo que oculta debido a su hechura, sus líneas o su misma función, de ahí que los sueños en que aparecen sostenes o pantalones representen pensamientos sobre los pechos o los genitales, o bien acerca de la masculinidad, la feminidad o la sexualidad.

Las prendas de ropa, sobre todo las de colores más llamativos, pueden representar aspectos po-

MALESTAR ANTE LA DESNUDEZ
Simboliza ansiedad, decepción o aversión a descubrir la verdadera naturaleza de las pretensiones de la persona arquetípica.

Desnudez y vestimenta

ARMADURA
El hecho de llevar puesta una armadura se asocia con el hecho de estar a la defensiva.

ROPA MUY CEÑIDA
Indica estar inhibido o constreñido por el papel público o profesional que se ostenta.

sitivos del propio desarrollo psicológico o espiritual, pero cuando aparecen demasiado elaboradas sugieren ciertas pretensiones o la propensión a llamar la atención.

Dado que la ropa hace que uno parezca más alto o más delgado, más rico o más pobre de lo que en realidad es, puede significar también un reconocimiento de la propia hipocresía. Así, un chaleco o una corbata demasiado llamativos suelen representar que somos conscientes de que, de alguna manera, estamos decepcionando a alguien al mostrarnos diferentes de como somos en realidad.

CAPA

La capa puede simbolizar cierto secretismo no del todo lícito, el misterio y lo oculto, o la calidez y el amor protectores.

JOYAS

El oro y los diamantes representan el yo auténtico; los rubíes, pasión; los zafiros, la verdad; y las esmeraldas, la fertilidad.

ROPA INTERIOR

Suele simbolizar actitudes y prejuicios del inconsciente. Su color y su estado revelan las cualidades analizadas.

OTRAS PERSONAS

GIGANTES
En los sueños de personas adultas, pueden simbolizar ciertos recuerdos de la infancia.

Por nuestros sueños pasa un gran número de gente diversa. Algunas de esas personas son fieles representaciones de la gente que conocemos y su presencia nos recuerda ciertas preocupaciones personales; otras, en cambio, se manifiestan de una forma mucho más abstracta y representan ciertas cualidades, deseos o temas arquetípicos; por último, las hay también que simbolizan aspectos particulares de cada cual. La economía del simbolismo onírico es tal que en ocasiones un mismo personaje puede llegar a representar las tres tipologías a la vez en un único sueño.

Antes de poder definir la función exacta de cada personaje aparecido en los sueños, es preciso llevar a cabo un minucioso análisis

LA SOMBRA
Arquetipo que representa todo lo que no se quiere ser. Es nuestro lado oscuro y simboliza los aspectos más ocultos o reprimidos del ser humano.

de ellos, si bien siempre cabe determinar ciertas tendencias generales.

Según Jung, ese compañero de los sueños que aparece en varios episodios oníricos bajo apariencias distintas (pero siempre reconocibles) representa en cada uno de ellos diversos aspectos del verdadero yo. De este modo, al reflexionar en el estado de vigilia sobre el comportamiento de este personaje a lo largo de los diversos sueños tendremos una idea más clara no sólo del yo, sino también del modo en que éste se muestra ante los demás.

Otras personas

EL HÉROE

Los personajes ficticios transmiten mensajes arquetípicos. Como los caballeros del Santo Grial, unos héroes arquetípicos que consagran sus vidas a un fin superior.

LA JOVEN HERMOSA

Suele simbolizar al *anima*, el principio femenino de la psique del hombre.

EL JOVEN HERMOSO

Símbolo del *animus*, el principio masculino de la psique de la mujer.

TESTIGO MUDO

La persona que en los sueños rehúsa o es incapaz de hablar representa una función del yo que no se ha desarrollado.

SALUD

Los antiguos griegos y romanos creían que a partir de los sueños se podían realizar diagnósticos y así poder curar las enfermedades. Algunos intérpretes de sueños modernos sostienen que los sueños pueden informar de remedios para algunas dolencias si la persona afectada se concentra en su enfermedad antes de dormirse. Según Jung, algunos sueños dan mensajes claros relacionados con la salud tanto física como psicológica.

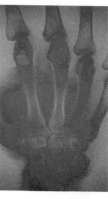

EXTREMIDADES FRACTURADAS
Representan una amenaza para la vida y, por tanto, para nuestro poder.

HOSPITALES
Soñar que se ingresa en un hospital sugiere el deseo de recuperar el control del cuerpo, o bien el temor a perderlo.

PERDER PESO
Suele representar el efecto absorbente que ejercen en nosotros las personas muy exigentes.

Funciones corporales

Freud asocia los sueños relacionados con la defecación y el aseo personal con la fase anal del desarrollo psicosexual. Los niños pequeños experimentan una satisfacción erógena con la defecación, experiencia esta que, si no se lleva bien por parte de los padres en esta fase en que los pequeños aprenden a controlar sus necesidades,

 puede provocar en estos últimos un sentimiento permanente

de vergüenza, disgusto y ansiedad con respecto a estas funciones corporales tan elementales.

Desde el punto de vista freudiano, la fijación anal puede incluso explicar disfunciones en la personalidad, como la tacañería o los ataques de ira.

Funciones corporales

Falta de intimidad

Sentir no tener intimidad en el lavabo sugiere temor a mostrarse en público o la necesidad de mayor expresión personal.

Sueños con el lavabo

La defecación suele simbolizar la ansiedad o la vergüenza de uno ante los demás, o bien el deseo de expresar o liberar el yo, ya sea por motivos creativos o catárticos. La menstruación suele asociarse con una súbita liberación de energía creativa.

LA MUERTE

Desde siempre, la muerte ha causado en nosotros un sentimiento de aflicción, miedo y fascinación. En ese sentido, los sueños de los niveles primero y segundo, que no se encuentran muy lejos de la superficie de la mente consciente, suelen manifestar la ansiedad ante la idea de nuestra propia muerte o la de nuestros seres más queridos.

Los sueños cargados de temor acerca de nuestra propia muerte suelen sugerir la necesidad de afrontar de una manera más realista en nuestro consciente el destino final que nos espera. Los sueños sobre la muerte de otras personas pueden simbolizar temores más abstractos, como por ejemplo

La muerte

FUNERALES
Los entierros suelen representar la represión de los deseos y los traumas, y pueden asociarse también al fin o a la necesidad de llegar a dicho fin en una etapa concreta de la vida.

el miedo a la aniquilación de la personalidad o del propio yo, al juicio o castigo divinos, al infierno, al modo en que hayamos de morir, etcétera.

Ahora bien, un gran número de sueños acerca de la muerte no tienen ninguna relación con ella, sino que más bien tienen que ver con determinados aspectos de la vida psicológica de cada uno, o con ciertos cambios experimentados en la vida cotidiana.

El hecho de leer en sueños la esquela de alguien, ver su tumba o asistir a su entierro suele relacionarse con el despido laboral de dicha persona, el haber pasado a un segundo plano en lo afectivo con respecto a la persona que tiene el sueño o el haber caído en desgracia ante una tercera persona.

SÍMBOLOS DE LA MUERTE
Las calaveras, el reloj de arena y la figura de la Muerte con la guadaña son algunos de los símbolos más importantes relacionados con la muerte. Suelen recordarnos que tenemos un tiempo limitado para llevar a cabo nuestros proyectos en la vida, o bien anuncian el término de algo, como nuestro matrimonio.

La muerte

CAUTIVERIO Y LIBERTAD

Con frecuencia, los sueños se centran en los conflictos existentes entre las restriccio-

nes que nos impone la vida y nuestro afán de libertad. Otro tema no menos común es la necesidad que sentimos de dominar a los otros haciéndolos prisioneros, poseyéndolos o bien sometiéndolos a algún tipo de obligación para con nosotros.

La necesidad de sentirse libre suele expresarse en términos muy parecidos, y la persona que tiene el sueño aparece siempre pugnando por deshacerse del dominio de los demás. Uno de los símbolos más extremos de falta de libertad es la espera previa a la ejecución, si bien esta escena en sueños

ESTAR ATADO
Los sueños en que aparecemos atados simbolizan el deseo de libertad, aunque para Freud reflejan, en realidad, las fantasías sexuales reprimidas durante la infancia.

suele asociarse más bien con el temor a ciertos acontecimientos inminentes, como por ejemplo contraer matrimonio.

La libertad y el cautiverio también pueden simbolizar aspectos de la vida psicológica que se controlan con demasiado rigor. Las capacidades potenciales de las que uno rehúsa tomar consciencia suelen representarse también mediante sueños de cautiverio, al igual que los ideales y los sentimientos negados o la necesidad de encontrar un significado y una finalidad espiritual a la vida.

DOMINACIÓN
El cautiverio tanto puede tener connotaciones eróticas como sugerir aspiraciones espirituales.

LIBERACIÓN
Deseo de liberar a alguien de cierta esclavitud psicológica.

Cautiverio y libertad

ASCENSIÓN
Y CAÍDA

Aunque la lógica nos lleva a interpretar la ascensión como símbolo del éxito, cabe no obstante establecer otras interpretaciones de calado mucho más profundo. Para Freud, los sueños de ascenso significan el anhelo de realización sexual, si bien presentan también connotaciones de aspiración personal o profesional. La caída, a su vez, puede representar el fracaso o un orgullo desmedido, pero también puede asociarse con un descenso incierto al inconsciente de la mente.

Las escenas en que tropezamos y caemos suelen simbolizar el fracaso a la hora de atender los aspectos básicos o emocionales de la vida. Por lo general, no se llega a experimentar malestar o dolor en el momento de caer, ya que o bien despertamos justo a tiempo o bien se cae sobre una superficie blanda. Este tipo de sueños nos recuerdan que lo que en un principio parece un desastre no siempre se traduce en un perjuicio a largo plazo.

Los sueños en que se cae desde lo alto de un tejado o una ventana suelen asociarse con cierta inseguridad en un ámbito concreto de las aspiraciones mundanas. Asi-

ASCENSORES
Suelen simbolizar que el ascenso o el descenso no es tanto resultado del esfuerzo propio como de la suerte y la intervención de los demás. En algunos casos, el ascensor simboliza el afloramiento de pensamientos desde el inconsciente.

mismo, precipitarse desde un edificio en llamas suele indicar que se ha estado sometido a una presión emocional muy fuerte como consecuencia de una determinada aspiración.

PENDIENTES RESBALADIZAS
Ese sueño tan común en que uno intenta trepar por una pendiente muy resbaladiza o una escalera grasienta simboliza el fracaso cuando se busca el progreso en un ámbito determinado.

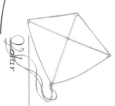

VOLAR

Los sueños en que se vuela suelen transmitir a menudo cierto sentimiento de alegría desbordada, y sus protagonistas sienten un extraño reconocimiento, como si ya antes hubieran tenido la habilidad de volar pero hubiesen olvidado el modo de hacerlo. Pocas veces la experiencia de volar se percibe como algo desagradable o que infunde temor, y el sentimiento de libertad y exaltación que transmite suele abrir la imaginación a las infinitas posibilidades que ofrece la vida.

No siempre se vuela solo, sino que puede haber otras personas, amigas o desconocidas, que comparten las mismas ideas acerca de la verdadera naturaleza de las cosas. A veces hay también animales u objetos que pueden simbolizar diversos aspectos importantes de la vida personal o profesional.

HACER VOLAR
UNA COMETA
Hace referencia
a la libertad
controlada de
algún aspecto
de la persona.
Puede simbolizar
proyectos
estimulantes
pero que al
final resultan
improductivos.

AVIONES
Volar en avión
simboliza anhelo
de viajar, de
progresar, o bien
de llevar a buen
puerto una
determinada
empresa.

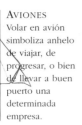

GLOBOS

Los globos se suelen asociar por lo general con la fantasía, el deseo de escapar o el anhelo de elevarse por encima de los conflictos de la vida diaria.

VOLAR
SIN AYUDA

Volar sin ayuda es la expresión arquetípica del yo superior, o bien de su sentido de la inmortalidad.

VEHÍCULOS
INCONGRUENTES

Volar subido a una cama o un sillón simboliza un deseo de aventura no exento de seguridad.

En ocasiones uno se encuentra volando en el interior de un vehículo cualquiera, o bien dando saltos de gigante.

No es muy normal que en los sueños en que se vuela se produzcan caídas, sino que después de haber disfrutado de las vistas panorámicas se va descendiendo poco a poco, como si se flotara.

Volar

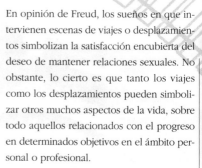

Viajes y Desplazamientos

En opinión de Freud, los sueños en que intervienen escenas de viajes o desplazamientos simbolizan la satisfacción encubierta del deseo de mantener relaciones sexuales. No obstante, lo cierto es que tanto los viajes como los desplazamientos pueden simbolizar otros muchos aspectos de la vida, sobre todo aquellos relacionados con el progreso en determinados objetivos en el ámbito personal o profesional.

Jung reparó que en los «grandes sueños» (los del tercer nivel) aparece la búsqueda arquetípica del significado y la satisfacción, y que los sueños en que se inicia un viaje son mucho más frecuentes que aquellos en los que se escenifica su término. La mente soñadora expresa con ellos la necesidad de progresar en la vida, pero indica que las decisiones que tienen que ver con el fin último de ésta deben tomarse tanto en el nivel consciente como en el inconsciente.

Buena parte del significado de los sueños se deja entrever a través de la naturaleza del camino que se ha de recorrer. Una carretera ancha suele asociarse con nuevas posibilidades de progreso, mientras que un camino

Viajes y desplazamientos

TRENES
Los trenes sugieren que se ha recibido cierta ayuda en el transcurso del viaje.

ESTACIONES Y AEROPUERTOS
Pueden simbolizar cierta aprensión o bien entusiasmo ante el futuro.

Viajes y desplazamientos

COCHES Y BARCOS
Freud asocia el viaje en automóvil con progresos en el psicoanálisis. Las travesías por mar suelen simbolizar un viaje al inconsciente.

CRUCES
Suelen representar que hay que tomar una decisión, el encuentro de personas o ideas, o la separación de los caminos.

pedregoso sugiere la existencia de numerosos obstáculos. No obstante, la interpretación de los sueños revela que a veces el camino que se ha de tomar es precisamente aquel que en apariencia parece más dificultoso.

El paisaje por el que se pasa también permite desvelar aspectos de la vida interior. Así, por ejemplo, soñar que se atraviesa un desierto puede indicar cierto sentimiento de soledad, aridez o falta de creatividad.

El medio de transporte también resulta de lo más revelador. Según Jung, viajar en un medio público suele querer decir que nos estamos comportando como el resto de la gente en lugar de encontrar nuestro propio camino.

Alimentos

ALIMENTOS

La comida se ha relacionado siempre con la sexualidad, de ahí que los sueños en que aparecen alimentos se hayan interpretado con un sentido sexual. Sin embargo, lo cierto es que la comida admite una interpretación mucho más amplia que la estrictamente

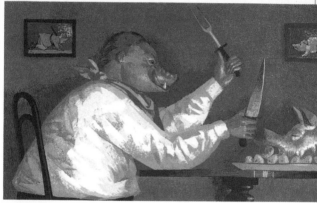

CARNE
Los freudianos sostienen que los sueños en que aparece carne simbolizan la absorción de los propios impulsos instintivos.

sexual. Los alimentos que no tienen buen sabor suelen asociarse con cierta amargura emocional, mientras que esperar en vano una comida sugiere dejadez, decepción emocional o falta de apoyo. La sensación de haber comido en exceso puede simbolizar tanto la codicia como la falta de gusto o

Alimentos

COMER CON MÁS GENTE
Si la emoción es positiva suele reflejar deseo de intimar con otras personas, así como intereses comunes u armonía.

ALIMENTOS
La fruta, además de ser sensual, puede simbolizar la fertilidad en las artes o las ciencias. La leche suele simbolizar el sustento y la alimentación. Los alimentos caprichosos, como el chocolate, suelen representar la indulgencia con uno mismo.

sensualidad, o bien una conducta de miras estrechas.

Por otro lado, el rechazo a aceptar comida sugiere el deseo de dejar de depender de los demás, mientras que el hecho de dar comida a otras personas indica el anhelo de ayudar.

PÍCNICS
Simbolizan el anhelo de sencillez.

AYUNO Y ATRACONES
Para Freud, la boca es lo más erógeno del cuerpo, y el ayuno o los atracones son el símbolo del deseo sexual (reprimido o satisfecho). El ayuno puede representar también la propia mortificación por un sentimiento de culpa.

VACACIONES Y DESCANSO

VACACIONES PROBLEMÁTICAS
Sugieren la incapacidad de escapar de las responsabilidades de la vida cotidiana.

La mayoría de los sueños tienen un elevado componente de acción, de ahí que no sea muy habitual tener uno en que aparezcamos relajados. No obstante, los sueños que simbolizan un deseo de descanso son muy comunes. Algunos, además, reconocen el hecho de que las vacaciones pueden resultar realmente estresantes; en esos casos, suelen asociarse con ansiedades en otros ámbitos de la vida cotidiana.

A veces ponen de manifiesto el contraste entre nuestro estado de agitación y el comportamiento relajado de las personas que nos rodean, señalando así la conveniencia de reducir el estrés. Otras veces, aparecemos irritados ante la falta de actividad de los demás, símbolo de cierto resentimiento por no haber recibido ayuda suficiente en la vida cotidiana, o bien

LUGARES APARTADOS
El hecho de buscar una isla perdida o un lugar desierto simboliza el deseo de soledad.

PREPARATIVOS DE LAS VACACIONES

Preparar las vacaciones suele simbolizar la necesidad de escapar de los problemas diarios o de nuevas experiencias. El deseo de viajar ligeros puede simbolizar el reconocimiento de que, en nuestra vida cotidiana, cargamos con un «equipaje» innecesario.

de rabia ante la propia impotencia. También puede darse el caso de que los sueños en que aparecen las vacaciones se confundan con los de cualquier otro tipo de viaje (*véanse* págs. 170-171), de manera que, por ejemplo, lo que empieza como unas vacaciones puede terminar convirtiéndose en un viaje de negocios.

En estos casos, el inconsciente puede estar expresando la incapacidad de uno para relajarse y el sentimiento de culpabilidad por no dedicarse a asuntos más provechosos o serios.

CELEBRACIONES Y CEREMONIAS

Las ceremonias se han usado desde siempre para celebrar determinados acontecimientos periódicos de relevancia, para honrar a los dioses, indicar el paso del tiempo o celebrar ciertos momentos de transición.

En los sueños, las ceremonias invitan a la persona que sueña con ellas a escapar más allá de los confines de la mente consciente. Los personajes que participan en estas ceremonias pueden llevar máscaras o vestimentas especiales, entonar una melodía determinada o bien unas salmodias rituales y dejar atrás, en definitiva, su identidad para acceder al mundo arquetípico del inconsciente.

CEREMONIAS DE FERTILIDAD
Las imágenes oníricas que aparecen en estas ceremonias suelen aflorar a menudo del inconsciente colectivo. A veces incluyen sacrificios en honor a alguna de las divinidades de las cosechas, hecho este que simboliza la muerte del pasado para asegurar la fertilidad y la prosperidad en el futuro.

BODAS
Suelen simbolizar
la unión de partes
opuestas pero
complementarias
entre sí del yo, así
como la promesa
de una próxima
fertilidad. En los
sueños del tercer
nivel, puede
simbolizar la
unión entre el
yo masculino y
el yo femenino,
la racionalidad
y la imaginación.

Los sueños relacionados con las Navidades o con cualquier otra celebración religiosa de relevancia pueden simbolizar paz, generosidad, buena voluntad, el deseo de estar con la familia y los amigos, o bien la confirmación de ciertas verdades espirituales. Los aniversarios de boda y otras fechas señaladas sirven como recordatorio de lo efímero de la vida, o bien, en un sentido más positivo, representan la importancia de los vínculos humanos y familiares (en sentido negativo, son símbolos de las limitaciones que dichos vínculos conllevan). Los sueños relacionados con bautizos suelen representar con frecuencia la purificación, el inicio de una nueva etapa o la asunción de nuevas responsabilidades.

PINTURA, MÚSICA Y DANZA

En los sueños, las artes en general representan no sólo la creatividad personal de cada cual, sino también un vínculo con los niveles superiores de la consciencia.

En ocasiones, nos despertamos de los sueños con las últimas notas de una hermosa melodía que resuena todavía en nuestros oídos. Esta música proviene de los sueños del tercer nivel (*véase* pág. 42) y simboliza los estados mentales relacionados con los niveles superiores del proceso de desarrollo interior.

En una ocasión, Giuseppe Tartini, compositor italiano del siglo XVIII, soñó que se le aparecía el diablo interpretando con su propio violín un solo tan maravilloso que incluso su réplica, escrita por el compositor nada más despertarse (*El trino del diablo*),

MÚSICA
Una música hermosa simboliza el potencial de la propia creatividad. La cacofónica, por el contrario, un potencial creativo desaprovechado.

PINTURA
Tener éxito pintando cuadros simboliza el potencial creativo, así como la rectitud de la propia visión de la vida.

178

aunque inferior, se considera como su gran obra maestra.

Si soñamos que estamos en mitad de una actuación pública, podemos encontrarnos ante la expresión del potencial personal todavía no realizado, pero si se asiste a dicha actuación tan sólo en calidad de público, se sugiere la necesidad de buscar la inspiración en los demás. Ciertos instrumentos musicales, como el arpa, han simbolizado desde siempre cualidades celestiales, mientras que otros, como los instrumentos de viento, se suelen asociar más bien con los impulsos instintivos y sensuales.

Dado que los sueños se nutren de las mismas fuentes que la imaginación, constituyen de por sí un foco de inspiración artística, ya sea en forma de ideas o incluso de piezas musicales completas.

INSTRUMENTOS MUSICALES
Las flautas y similares suelen asociarse con Pan y nuestros impulsos naturales. Las trompetas, a su vez, pueden simbolizar un llamamiento a la vida interior para que despierte. Los tambores, por su parte, simbolizan estados alterados de la consciencia.

Pintura, música y danza

EL BAILE
Suele representar el cortejo o incluso el propio acto sexual.

 # JUEGOS

En los sueños, los juegos y el juego en general pueden simbolizar el trabajo y otras obligaciones serias que llevamos a cabo durante la vigilia, de la misma manera que el trabajo suele incidir en los componentes lúdicos de éste.

El hecho de soñar con juguetes blandos puede representar la comodidad, la seguridad o ese apoyo emocional más allá de toda crítica del que tal vez estemos necesitados. Por otro lado, también sugiere cierto rechazo a encarar la realidad, o bien la necesidad de establecer un contacto más natural o táctil con las personas que queremos.

Los símbolos relacionados con el juego admiten una interpretación de lo más variada. Los freudianos, por ejemplo, relacionan el movimiento rítmico del columpio con el acto sexual, mientras que otros sugieren que también puede representar la naturaleza impredecible y excitante de la vida, o tal vez el recuerdo de la libertad experimentada en la infancia. Los juegos de mesa sue-

MUÑECAS
Los muñecas pueden simbolizar el *animus* y el *anima*, las facetas del sexo opuesto que conviven en cada uno de nosotros. Jung sugiere que indican también cierta falta de comunicación entre el consciente y el inconsciente.

TRENES DE JUGUETE
Deseo de controlar el rumbo y la intensidad de nuestra vida.

len simbolizar a menudo el progreso que cada cual realiza en la vida, con sus continuos avances y retrocesos.

Asimismo, pueden simbolizar la realización de un deseo en el que se compite y se gana, o bien el miedo a competir.

Los sueños relacionados con el juego suelen llamar la atención sobre el hecho de que las mejores ideas aparecen cuando la mente se halla en un estado relajado y dispuesta a jugar, aunque también pueden sugerir que se están tomando a la ligera ciertos asuntos de importancia, o que lo que para uno es un simple juego para otros es motivo de preocupación. Por otro lado, la disposición al juego simboliza con frecuencia que se están transgrediendo las reglas sobre las que se fundamenta una relación o cualquier otro asunto de importancia.

MARIONETAS
Las marionetas sugieren cierta manipulación y la imposibilidad de elegir libremente.

LUCHA Y VIOLENCIA

Los sueños recurren con frecuencia a la violencia física como metáfora de otro tipo de conflictos que se desarrollan en la mente de cada uno de nosotros. Cuando se es víctima de dicha violencia, el sueño suele representar un ataque a la propia posición social o a nuestras relaciones personales, o bien una amenaza a nuestras finanzas, salud o bienestar en general. El hecho de que se disfrute contemplando la escena de violencia puede estar relacionado con la existencia de ciertos impulsos agresivos desconocidos dentro de uno mismo.

GUERRAS
Jung sostiene que la guerra y las batallas aluden a un conflicto de importancia entre diversos aspectos del consciente y el inconsciente.

VIOLENCIA DIRIGIDA A UNO MISMO
Suele asociarse con el deseo de mortificarse.

ARMAS INÚTILES
Toda arma que se resiste a funcionar en defensa propia sugiere la falta de poder.

VIOLENCIA HACIA LOS DEMÁS
Combate entre aspectos no deseados de la vida interior o exterior.

PRUEBAS Y EXÁMENES

Los sueños relacionados con cualquier tipo de examen suelen ser muy estresantes. Entre los que más estrés generan destacan aquellos en que nos presentamos a una prueba sin haber estudiado, o bien los enunciados de la misma están en una lengua que no podemos comprender. Esta clase de sueños suelen simbolizar el éxito o el fracaso en determinadas facetas o ámbitos de la vida personal o profesional. El hecho de suspender un examen puede alentarnos a afrontar carencias o limitaciones que hasta entonces nos habíamos resistido a encarar.

Cuando el examen tiene lugar en un escenario frío e impersonal, puede representar ese poder remoto que ejerce la burocracia y las autoridades sobre nosotros, y que parece controlar nuestras vidas.

Pruebas y exámenes

ENTREVISTA
Puede representar algunos aspectos del yo y a veces se asocia con un sentimiento de rechazo o insatisfacción hacia uno mismo.

DAR Y RECIBIR

En cuanto imagen onírica, el hecho de dar y recibir nos proporciona claves de interpretación acerca de la naturaleza de nuestras relaciones con los demás. Así, por ejemplo, el hecho de recibir un gran número de obsequios en fechas señaladas como nuestro aniversario pone el acento en la estima que los demás sienten por nosotros, pero si esos regalos llegan en un momento inoportuno pueden indicar que se está siendo sometido a un bombardeo de consejos no deseado.

REGALOS QUE SALEN MAL
Las imágenes atractivas por fuera pero repulsivas por dentro manifiestan ciertas expectativas no satisfechas.

El hecho de ofrecer un regalo a alguien sugiere el deseo de realizar un esfuerzo especial por esa persona. En cambio, abrumar a los demás con regalos, sobre todo si son rechazados, puede indicar que nos entrometemos demasiado a la hora de dar consejos, prodigamos atenciones a quienes no nos las han pedido o bien intentamos que los demás nos acepten.

Dar y recibir

REGALOS SIN SENTIDO

El hecho de recibir un regalo sin ninguna razón puede simbolizar que nos sentimos agobiados por alguien, o bien que nos sentimos indignos de una serie de atributos, cualidades y virtudes.

CARTAS Y PAQUETES

El hecho de recibir paquetes o mensajes por correo suele ser presagio de algo inesperado, como una nueva oportunidad o un desafío.

La reacción ante el contenido de dicho paquete o mensaje nos permitirá deducir su significado. Así, por ejemplo, el no acertar a sacar la carta del sobre puede sugerir que no hemos aprovechado del todo la oportunidad que se nos presenta, mientras que el hecho de anticiparse a su contenido indica una predisposición mucho más favorable. La identidad del remitente también es importante a la hora de interpretar el significado del sueño.

Cartas y paquetes

MENSAJES POR CORREO
Si aparecemos como carteros o bien transmitimos un mensaje a otra persona, significa cierta capacidad para asumir responsabilidades o para guardar secretos.

COMPRAS Y DINERO

Las tiendas y el hecho de ir de compras simbolizan con frecuencia el amplio abanico de posibilidades y gratificaciones que la vida nos ofrece. La capacidad de aprovecharlas o no suele venir determinada por la cantidad de dinero que soñamos que tenemos. Por lo general, en los sueños de los niveles primero y segundo el dinero se asocia al poder, y el hecho de encontrarse

Compras y dinero

con que uno no puede comprar lo que desea simboliza la falta de capacidad o de requisitos para alcanzar un determinado objetivo.

ESCAPARATES	ATESORAR DINERO
Sugieren la idea de exclusión de las buenas cosas que depara la vida.	Puede significar tanto prudencia como egoísmo.

LA COMUNICACIÓN

EL AUDITORIO NO CALLA
El hecho de que el auditorio se resista a callar puede asociarse con cierta confusión en lo que a ideas se refiere. Asimismo, la ausencia de dicho auditorio sugiere que los demás nos ignoran por completo, o bien una falta de reconocimiento por los logros conseguidos.

A menudo, los sueños ponen de manifiesto ciertos aspectos vulnerables del yo que con frecuencia tienen que ver con la incapacidad de comunicarse plenamente con los demás. Estos sueños acostumbran a mostrar nuestra incapacidad para hacernos escuchar o nuestros desesperados intentos de atraer la atención o de alertar sobre lo que se presiente como un desastre inminente. Pero también podemos aparecer convertidos en objetos de burla o bien escuchando cómo los demás se meten con nosotros. Otra posibilidad es que nos den la espalda justo en el momento en que nos disponemos a expresar nuestras opiniones, dar un consejo o entablar una conversación.

REGLAS Y NORMAS

Las reglas llevan siempre asociado un componente de estructura, compulsión y control. Si en un sueño tenemos la impresión de estar dando instrucciones estrictas a otras personas o a nosotros mismos, es posible que el sueño quiera llamar la atención sobre el deseo de que la vida sea más previsible. Si son otros los que dan las instrucciones, el mensaje que se desprende es la necesidad de llevar una vida más disciplinada.

Los sueños en que somos acusados de transgredir unas normas de las que no teníamos noticia alguna simbolizan la injusticia de algunas experiencias de la vida, y nos ayudan a rebajar el sentimiento de frustración que se deriva de ellas.

MALA CONDUCTA
Los sueños en que nos rebelamos y transgredimos deliberadamente las normas suelen remontarse a nuestra más tierna infancia.

El hecho de obedecer las normas sugiere que nos dejamos influenciar por los demás, si bien también puede significar cierto sentido de la integridad.

Reglas y normas

 EL HOGAR

Las escenas domésticas se cuentan entre las más recurrentes en nuestros sueños. Con frecuencia tienen lugar en la propia casa, si bien algunos detalles de ella suelen ser, curiosamente, inexactos, lo que explica que los muebles aparezcan en lugares poco habituales, que los electrodomésticos presenten un tamaño diferente o que de repente unos desconocidos entren en casa y se comporten como si fuera suya.

Este tipo de anomalías suele aparecer en los sueños como una manera de llamar la atención sobre un determinado deseo o ansiedad, o bien para sacar a la luz un recuerdo oculto o sugerir un nuevo enfoque a un problema. Si se utilizan como estímulos para la asociación directa o libre (*véanse* págs. 58 y 228), uno mismo puede llegar a desvelar el significado de un sueño al establecer un vínculo entre los detalles de la vida cotidiana y los temas míticos, simbólicos o arquetípicos, de sentido mucho más amplio.

COCINAR

El hecho de preparar comida para otras personas en sueños puede sugerir el deseo de influir sobre los demás o incluso de subordinarlos a uno mismo.

OBJETOS AGRIETADOS

Suelen significar imperfecciones en el propio carácter, o bien en algunas de nuestras posturas, ideas o relaciones.

PROFESIONES

Las profesiones ocupan un lugar muy destacado en nuestros sueños y, por lo general, tienen que ver con determinados aspectos de la propia personalidad, lo que explica que podamos encontrarnos, por ejemplo, intentando vender periódicos sin éxito, hecho que aludiría a nuestra incapacidad a la hora de transmitir a los demás cierta información de relevancia. Por otro lado, un sueño en el que solicitamos diversos puestos de trabajo sugiere la necesidad de dar un rumbo claro a nuestra vida.

Con frecuencia nos encontramos soñando con un rol o un proyecto en curso, en cuyo caso el sueño puede estar sugiriendo la existencia de ciertas facetas en las que no actuamos correctamente, o bien que estamos desperdiciando alguna oportunidad o aptitud.

BUROCRACIA

Los sueños en que tenemos que vérnoslas con la burocracia suelen relacionarse con la falta de emoción, bien en uno mismo, o bien en las personas con que estamos en contacto.

MARINERO

Los marineros suelen simbolizar el lado aventurero de cada uno de nosotros, así como el deseo de explorar nuestro yo interior.

CAMARERO

Si se recibe (o se realiza) un servicio, el sueño alude a la idea de interdependencia. Un servicio incorrecto sugiere la necesidad de establecer una relación interpersonal más cálida.

POLICÍA

La figura del policía simboliza la inhibición, así como el impulso natural de censura propio de la mente

consciente. Ser perseguido por la policía sugiere cierto sentimiento de culpabilidad.

CASAS
Y EDIFICIOS

Las casas que aparecen en sueños suelen representarnos a nosotros mismos y pueden simbolizar tanto el cuerpo como los diferentes niveles de la mente. Al igual que los cuerpos, las casas poseen una parte delantera y otra trasera, ventanas que miran al mundo y puertas por las que entran los alimentos. Fue precisamente a partir de un sueño acaecido en una casa que Jung formuló su teoría sobre el inconsciente colectivo (*véase* pág. 57).

Pero el yo puede aparecer representado también a través de otros edificios, como los juzgados, que simbolizan la capacidad de

BIBLIOTECAS
Se asocian a las ideas y a la disponibilidad inmediata del conocimiento.

LUGARES DE CULTO
Las iglesias, las catedrales, las mezquitas o cualquier otro

templo suelen simbolizar nuestra faceta espiritual, así como la paz o la sabiduría.

discernimiento de uno, o los museos, símbolos del pasado.

Las fábricas o los molinos, en cambio, suelen relacionarse con la vertiente creativa de la vida, ya sea destacando su faceta productiva o mecánica, o bien su dimensión estereotipada.

Casas y edificios

VENTANAS
Para Freud, es un símbolo sexual femenino. Jung, en cambio, lo relaciona con la comprensión del mundo exterior.

PUERTAS
Si se abre hacia afuera sugiere la necesidad de ser más accesible a los demás; si, lo hace hacia dentro, invita a la introspección.

CASTILLOS
Pueden sugerir que nuestras defensas psicológicas nos están aislando de los demás.

UNA CASA INACABADA
Necesidad de cuidar aspectos de la mente o del cuerpo.

HABITACIONES Y SUELOS
Las diferentes estancias de una casa simbolizan el consciente y el inconsciente; las bodegas, el inconsciente, y las habitaciones de la planta superior, la espiritualidad.

193

OBJETOS

Objetos

El mundo de los sueños está plagado de objetos, algunos familiares y otros totalmente irreconocibles. Todos ellos, en cualquier caso, tienen un significado potencial, y en ocasiones dan lugar a las asociaciones y las amplificaciones más preciosas que puede ofrecer la interpretación de los sueños.

CONCHAS
La concha es un símbolo que con frecuencia se asocia con el inconsciente y la imaginación.

RELOJES
Los relojes simbolizan el corazón humano y, por lo tanto, la vida emocional.

LIBROS
Aluden a la sabiduría. La incapacidad de leer sugiere desarrollar una mayor capacidad de concentración.

CUBO DE BASURA
Simboliza recuerdos u obligaciones no deseadas, o aspectos de uno que se desean eliminar.

Objetos

No obstante, algunas de estas asociaciones están relacionadas de forma explícita con las experiencias vividas durante la vigilia. Las cámaras, por ejemplo, suelen simbolizar el deseo de mantener vivo el pasado, mientras que determinados objetos ocultos en lugares sombríos simbolizan la necesidad de introspección. De forma parecida, una estatua o un busto simbolizan con frecuencia el anhelo de colocar a alguien o algo en lo alto de un pedestal, aunque también pueden asociarse con la idea de lejanía. Asimismo, una vela o una antorcha acostumbran a aludir al intelecto o a otras manifestaciones más espirituales del entendimiento, mientras que un baúl o un cofre admiten varias interpretaciones, desde la infancia al saber prohibido. El aspecto más importante de un objeto suele ser su función, aunque también resultan de gran interés su forma, el color y la textura.

ESPEJOS
Si se refleja un rostro desconocido, puede indicar crisis de identidad; si se ve una imagen amenazadora, puede simbolizar la sombra arquetípica.

 LA ESCUELA

Las experiencias vividas en la escuela suelen aparecer con frecuencia en los sueños de las personas ya adultas. En ocasiones, aluden a un hecho concreto por el que todavía sentimos orgullo o, lo que es más habitual, a algún momento de vergüenza. En otros casos aparece en sueños una escuela indeterminada como metáfora de un mensaje que se desea transmitir. Los sueños en que nos vemos de nuevo en la escuela pero degradados a un nivel inferior o despojados de una responsabilidad que ansiamos simbolizan determinadas inseguridades propias de la infancia que aún no se han superado.

LA CARTERA
Si está llena se asocia con el conjunto de conocimientos adquiridos, deseo de seguir aprendiendo. Si es muy pesada o incómoda, es que el pasado se percibe como un lastre.

LA CLASE

La clase que aparece en sueños puede simbolizar el aprendizaje, la nostalgia, el espíritu competitivo o la necesidad de replantearse ciertos aspectos de la vida profesional o personal.

El profesor es un símbolo de autoridad y puede representar tanto al padre como a la madre, a un hermano mayor o a personas que han marcado nuestras vidas por el amor o el temor que nos han inspirado. También puede simbolizar el componente censor de nuestra personalidad, el mismo que se encarga de mantener a raya los impulsos más desenfrenados.

La escuela

TEATROS Y CIRCOS

El mundo de los sueños es todo él un gran escenario, un teatro en el que tienen lugar transformaciones mágicas. De hecho, algunos sueños recurren al motivo del teatro, el cine o el circo como escenario. Este tipo de sueños, por otro lado, suelen caracterizarse por su especial claridad e intensidad.

Los teatros que aparecen en sueños suelen tener por finalidad ofrecer una explicación del misterio que subyace bajo el mundo de las apariencias. A veces, no obstante, se da el caso de que el escenario del teatro o la pista del circo están vacíos, o que la pantalla del cine está en blanco, de lo que resulta una sensación de enorme soledad, como si uno quedara al margen de la revelación a la que están a punto de asistir los demás.

Si aparecemos en el mismo escenario o en la pista de un circo participando de forma activa en lo que se representa en ellos, es posible que nos identifiquemos con el personaje que está actuando en ese instante.

Pero si intervenimos tan sólo como meros espectadores, corremos el riesgo de vernos arrastrados por la magia de la ilusión o por un irrefrenable deseo de dejar de lado todas las convenciones de la vida cotidiana.

Teatros y circos

ACRÓBATAS

El acróbata simboliza la combinación de fuerza y gracia, esto es, la unión del elemento masculino y el elemento femenino. Y los trapecistas, en concreto, simbolizan el valor espiritual.

DOMADORES

A pesar de que no actúan, dominan tanto las habilidades de los hombres como las de los animales. Se alimentan, pues, de los demás y su presencia en sueños suele sugerir la inutilidad, en última instancia, de este tipo de poder.

PAYASOS

El payaso es una de las facetas del arquetipo del timador, que no duda en hacer el papel de loco para burlarse de las pretensiones y la absurdidad de los demás.

PUEBLOS Y CIUDADES

De igual manera que para los seguidores de Jung la casa simboliza el propio yo, los pueblos o las ciudades aluden al entorno social en que vive, como la familia y los amigos, así como todo el conjunto de responsabilidades a las que se ve sometido.

Una localidad muy ajetreada o con las puertas y las ventanas siempre abiertas suele asociarse con la calidez de las relaciones con otras personas, mientras que una ciudad de calles anchas y desiertas, o de plazas enormes sin un alma suele sugerir cierto sentimiento de aislamiento o de rechazo por parte de la sociedad.

RECINTO AMURALLADO
El sueño puede estar sugiriendo que la muralla es necesaria para preservar los valores sociales, o bien puede, por el contrario, cuestionar la eficacia de dicha defensa.

Una ciudad grande y sin personalidad da a entender que, a pesar del gran número de conocidos, sólo unos pocos son amigos de verdad, y que es preciso establecer más relaciones duraderas. Si las casas presentan un aspecto difuso y sombrío, tal vez sea señal de que no acabamos de entender a los demás, o de que no nos conocemos a nosotros mismos. Una ciudad bajo tierra o bajo el mar suele aludir al inconsciente.

PUEBLO EN LO ALTO DE UNA COLINA
Se suele asociar con la sabiduría, el cielo, la morada de los dioses o la fortaleza de los justos.

PUERTO
Suele representar a las personas a las que hemos ido dejando atrás.

CIUDAD EN RUINAS
Suele llamar nuestra atención sobre unas relaciones que se han descuidado, o bien sobre los ideales o los objetivos que tenemos en la vida.

LOS CUATRO ELEMENTOS BÁSICOS Y LAS ESTACIONES

El tiempo y las estaciones suelen asociarse con frecuencia a los sueños del tercer nivel, ya que tienen que ver con las fuerzas de la naturaleza y los ritmos de la vida, y, por consiguiente, son muy eficaces como símbolos tanto de nuestro propio yo como de los cambios importantes que se producen en nuestra existencia.

Los ríos y torrentes son dos metáforas clásicas del paso del tiempo. El agua es un símbolo muy eficaz del inconsciente, y los intentos por recoger agua de un río o de tenerla representan los intentos por apresar los materiales que fluyen en nuestro inconsciente.

EL ARCO IRIS
El arco iris es un símbolo universal de buenos augurios y cuando aparece en sueños es sinónimo de redención, buenas noticias, promesas y perdón.

LA NIEVE
Los sueños suelen recurrir a la nieve para representar la transformación y la purificación.

LOS RAYOS
Son la inspiración, pero avisan de que los destellos de luz excesiva pueden ser destructivos.

EL MAR
Según Jung, cuando uno mira al mar es porque está preparado para afrontar el inconsciente.

La primavera es un símbolo evidente de nuevos cambios, mientras que el pleno verano se asocia al logro y a la necesidad de disfrutar de los placeres de la vida; el verano también simboliza la mente consciente, la perspicacia y la claridad de pensamiento. El otoño y el invierno simbolizan el inconsciente y el lado más oscuro y oculto de cada uno, aunque también pueden representar la necesidad de darse un descanso y reflexionar antes de que afloren las nuevas ideas. Estas dos estaciones también suelen indicar que, incluso en medio de la muerte aparente, la vida sigue adelante con sus misterios ocultos hasta la llegada de la nueva época de nacimiento y regeneración.

AGUA Y AIRE
El aire se asocia con cierta sabiduría sin reflexión previa, y con la claridad de pensamiento. Simboliza, además, la preocupación por el más allá. El agua simboliza el inconsciente, las profundidades de la imaginación y la fuente de inspiración.

Los cuatro elementos básicos y las estaciones

FUEGO Y TIERRA
El fuego es la energía masculina y representa lo manifiesto, lo positivo y lo consciente. La tierra puede simbolizar la fertilidad y, al igual que el agua, también la feminidad.

SÍMBOLO ALQUÍMICO Este símbolo alquímico del siglo XVII representa el universo.

ANIMALES

Los animales constituyen uno de los símbolos oníricos más eficaces y, por lo general, tienen un significado universal, si bien también pueden contener a los animales y mascotas que forman parte de nuestra vida cotidiana, en cuyo caso prima en su significado el componente personal. Además de a animales reales, los sueños pueden recurrir a todo tipo de seres procedentes de películas, mitos o cuentos populares. En ocasiones, además, suelen darse referencias a algunas de las asociaciones que en el habla popular se establecen con los animales, como la astucia de los zorros, la memoria de los elefantes o la glotonería de los cerdos.

Los animales han encarnado desde siempre nuestros impulsos y deseos naturales e instintivos (a veces también los más básicos), y en los sueños suelen servir para dirigir nuestra atención sobre una faceta reprimida o infravalorada de nuestro yo. El hecho de devorar a un animal simboliza la asimilación de su sabiduría natural.

Los animales que aparecen en los sueños pueden ser tanto amistosos como aterradores, dóciles o salvajes, y su conducta resulta de gran ayuda a la hora de interpre-

Animales

MARIPOSAS
Aparecen
con frecuencia
como símbolo
del alma y de
su transformación
después de
la muerte.

tar su significado. A veces, son capaces incluso de hablar o de cambiar de forma.

AVES
En la mayoría de las culturas, las aves simbolizan el yo superior. La paloma, en concreto, suele simbolizar la paz.

PECES
Los peces suelen simbolizar lo divino, aunque también pueden representar las ideas procedentes del inconsciente.

MONOS
Los monos simbolizan con frecuencia la faceta juguetona y traviesa del ser humano.

CABALLOS
Suelen simbolizar las fuerzas de la naturaleza dominadas por la humanidad.

LEONES
El león suele aparecer casi siempre como símbolo regio del poder y el orgullo.

BESTIAS SALVAJES
Para Freud representan impulsos pasionales de los que nos avergonzamos.

205

Números y figuras

NÚMEROS Y FIGURAS

La interpretación popular de los sueños ha atribuido desde siempre una gran importancia a la aparición en ellos de números y formas.

Jung observó que, a medida que sus pacientes realizaban avances en el tratamiento psicológico, sus sueños empezaban a poblarse cada vez más de formas y patrones parecidos a los mandalas, con cuadrados y círculos dispuestos sobre un punto central. Después de identificar este arquetipo geométrico, Jung encontró sus equivalentes en los mitos y las religiones de todas las culturas.

Los números, que también pueden simbolizar los impulsos arquetípicos del inconsciente colectivo, no siempre aparecen de forma explícita en los sueños, sino que a menudo reparamos en ellos al soñar que un determinado objeto o personaje, o incluso las mismas escenas, aparecen siguiendo un determinado patrón numérico. La amplificación y la interpretación de los sueños acostumbra a analizar estas secuencias numéricas, así como el sentido que pueden tener para cada uno de nosotros.

UNO
Es el motor primordial del que mana el resto de la creación, la fuente de toda vida.

DOS
Es el número de la dualidad, la simetría divina y la unión entre lo masculino y lo femenino.

TRES
Indica la síntesis y la unión de cuerpo, mente y espíritu.

CUATRO
Es el número del cuadrado, la armonía y la estabilidad de la que depende el mundo.

CINCO
Alude a la estrella de cinco puntas que simboliza a la humanidad.

Números y figuras

SEIS
Es el número
del amor y,
en sueños,
el símbolo de
la búsqueda de la
armonía interior.

SIETE
Simboliza el
riesgo y las
oportunidades, así
como el poder de
transformación
interior.

OCHO
Es el símbolo de
la regeneración y
marca el inicio de
una nueva etapa.

NUEVE
Se trata del
número de la
indestructibilidad
y la eternidad, del
tres multiplicado
por sí mismo.

DIEZ
Simboliza tanto la
ley como los diez
mandamientos.

COLORES

Colores

MARRÓN
El marrón suele significar la tierra. Para Freud es un símbolo de fijación anal.

ROJO
El rojo es el símbolo clásico de la vitalidad, la pasión, la rabia y la excitación sexual.

NARANJA
Es el color de la fertilidad, la esperanza, despertar a la espiritualidad.

Los colores suelen ser con frecuencia uno de los elementos más reveladores de la imaginería onírica. El significado que tiene cada uno de los colores en los sueños varía de una persona a otra en función de las asociaciones que haya establecido en su inconsciente, si bien existe una serie de significados de carácter universal. Los colores primarios suelen ser los que tienen un mayor significado. El violeta, mezcla de rojo y azul, posee cierta connotación mística que sugiere la unión y tensión a un tiempo entre la dualidad de fuerzas creativas del universo. Tanto el oro como la plata han simbolizado tradicionalmente al sol y la luna, lo masculino y lo femenino, el día y la noche; para Jung representan el consciente y el inconsciente.

AMARILLO
Puede simbolizar el empleo acertado de la autoridad.

VERDE
Es el color de la naturaleza, los cuatro elementos y la regeneración.

AZUL
Color de un acusado componente espiritual.

SONIDOS Y VOCES

Los sonidos que aparecen en los sueños son importantes. La música, en concreto, suele estar cargada de significados, bien sea porque la melodía tiene un sentido especial para el que la sueña, bien porque el título o la misma letra de la canción tengan en sí mismos un significado concreto. Toda música lleva consigo un mensaje, con independencia de si la melodía no resulta familiar o se ha olvidado en el momento de despertarse. La presencia de unas voces extrañas y como de fondo pueden tener un componente de carácter espiritual, como si uno estuviera escuchando las voces de su propio yo interior.

TROMPETAS
Representan la llamada a la acción, de ahí que sugieran el desarrollo de algún potencial oculto hasta la fecha.

Sonidos y voces

SILBIDOS
Connotaciones mágicas, como el marinero que silba para llamar al viento.

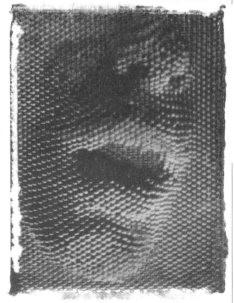

FANTASMAS
Y DEMONIOS

Las brujas, los vampiros, los hombres lobo y los fantasmas que aparecen en los sueños de los niños suelen simbolizar con frecuencia aquellos aspectos del ser que son incapaces de entender o integrar en su temprana visión del mundo. Si los monstruos de la infancia persisten en los sueños una vez alcanzada la edad adulta, puede ser que ese proceso de comprensión e integración permanezca todavía incompleto, por lo que la persona intenta reducir la realidad a unas dimensiones seguras y previsibles.

Tal como sucede con las pesadillas, este tipo de sueños tiene como finalidad hacer que quien los sueña dé media vuelta y se encare a esas fuerzas oscuras que le persiguen para autoconvencerse de que es precisamente su miedo lo que las convierte en monstruos. Al reconocer y aceptar la diversidad de las fuerzas que se dan cita en nuestra psique, nos encontramos en situación de entender mejor tanto nuestro consciente como nuestro inconsciente, que es donde reside la mayor parte de los misterios de la vida.

Fantasmas y demonios

FANTASMAS

La imagen del fantasma como un ser sombrío puede sugerir la existencia de conocimientos ocultos en uno mismo, o el temor a la muerte o al más allá.

GIGANTES

El monstruo o el gigante que se yergue imponente por encima de un niño pequeño y vulnerable es un arquetipo en los sueños y los cuentos infantiles. Estos personajes suelen representar el dominio que ejercen las personas adultas en la vida de un niño. Al plantar cara en sueños a estos monstruos, éste puede integrarlos en su vida emocional.

Situaciones imposibles

ABSURDOS
Con frecuencia, los sueños yuxtaponen elementos incompatibles a simple vista, quizá como recordatorio de las infinitas posibilidades que la vida encierra.

Situaciones imposibles

SITUACIONES IMPOSIBLES

Los sueños nos recuerdan que nuestro modo habitual de percibir la realidad es tan sólo uno de los muchos estados posibles de consciencia. Los sueños distorsionan deliberadamente la realidad tal como la vemos durante la vigilia, con yuxtaposiciones de ideas y experiencias de las que surgen nuevos patrones de pensamiento y conducta.

Cuando un sueño presenta un contenido imposible de concebir en la mente consciente, con frecuencia es precisamente esa incongruencia la clave del significado de dicho sueño. Una manifestación clara de este hecho lo tenemos en las relaciones invertidas,

como cuando, por ejemplo, es el andén el que avanza hasta el tren, un símbolo, tal vez, de que necesitamos abordar la vida desde una perspectiva completamente diferente.

Otras veces aparecemos encarnados en el sexo opuesto, con lo que se sugiere que descuidamos el *anima* o el *animus*, el componente femenino del hombre y el masculino de la mujer, respectivamente. Estas inversiones a veces tienen por objeto mostrar lo limitado que resulta verlo todo en términos de contrarios, ya que tan sólo integrando las diferentes facetas de nuestro ser podemos desarrollar todo nuestro potencial.

CUADROS QUE COBRAN VIDA
Los sueños en que los personajes de un cuadro hablan o cobran vida ponen de relieve hasta qué punto las fantasías ayudan u obstaculizan el pleno desarrollo psicológico de la persona.

TRANSFORMACIONES

Las transformaciones desempeñan un papel fundamental en nuestros sueños, ya que con frecuencia sirven para unir las diferentes imágenes de ellos, como ocurre con los fundidos en las películas. De todos modos, pueden tener también un significado propio, con lo que intentan llamar nuestra atención sobre las relaciones entre diferentes aspectos de nuestra vida o entre las diferentes preocupaciones de nuestro inconsciente.

En ocasiones, una escena entera se transforma en otra como por arte de magia. Asimismo, es muy frecuente que sea uno mismo el que se transforme, como por ejemplo un hombre en mujer, un joven en un anciano o bien un vencedor en víctima.

Al analizar los sueños, las transformaciones proporcionan algunas de las claves de interpretación más valiosas.

CONVERTIRSE EN PLANTA
Típica imagen de la alimentación y la integración.

Transformaciones

Así, una habitación sucia o en desorden que de repente pasa a estar ordenada y resplandeciente puede significar el final de un peligro moral o espiritual; un animal que se transforma en un ser humano puede simbolizar, a su vez, un cambio de rumbo hacia la trascendencia de los instintos primitivos, de igual modo que una persona que se transforma en un animal puede ser el símbolo de un descenso a los niveles más fundamentales de la psique, o bien del redescubrimiento de una dimensión emocional más natural y espontánea.

Los agentes responsables de estos procesos de transformación, como el hechicero, el mago o el chamán, pueden aparecer en los sueños como un personaje que está más allá del mundo social y racional, el poder de cambiarlo.

Transformaciones

TRANSFORMACIÓN DE UNA CASA
Cuando la casa se transforma en otra cosa el sueño alude, con toda probabilidad, al estado de nuestra psique.

PALABRAS EN IMÁGENES
Los juegos de palabras basados en imágenes oníricas permiten a la mente dar forma visual a cualidades abstractas.

MITOS Y LEYENDAS

Mitos y leyendas

Si, como creía Jung, tanto los sueños como los mitos beben de las mismas fuentes del inconsciente colectivo, no ha de extrañar, pues, que los elementos míticos aparezcan con frecuencia en los sueños.

Jung aconseja recurrir a los mitos como una especie de repertorio de paralelismos que pueden contribuir a desentrañar el significado último de los sueños, proceso este que se conoce como amplificación (*véase* pág. 58). En el caso de los sueños del tercer nivel, la amplificación resulta aún más sencilla de llevar a cabo, debido al hecho de que el material onírico contiene con frecuencia motivos mitológicos explícitos, que simbolizan de manera personalizada las energías arquetípicas del inconsciente colectivo e indican la relación entre dichas energías y las circunstancias de la vida de cada cual.

LA SIRENA
La sirena encarna al *anima*, una seductora que arrastra los impulsos manifiestos y activos de la dimensión masculina de la mente consciente a los abismos del inconsciente.

EL HÉROE
El héroe representa la cara noble del inconsciente, ajena a la tiranía del saber convencional.

Las imágenes míticas que aparecen en los sueños de los occidentales suelen evocar las mitologías griega, egipcia y cristiana, que son con las que estamos más familiarizados en Occidente. El dios resucitado, el héroe, el sabio, el timador, el anciano sabio y la joven son todos ellos arquetipos que aparecen de forma recurrente. En ocasiones, el contenido mítico aparece tal cual, como por ejemplo la princesa en lo alto de una torre, si bien también se dan referencias indirectas, como cuando el héroe aparece personificado en una estrella del cine o del deporte, o bien en una persona anónima que viene a socorrernos en un contexto actual fácilmente reconocible.

Mitos y leyendas

DIONISO
La aparición de este dios griego del vino, la naturaleza, la fertilidad y el éxtasis, simboliza diversos estados elevados de la consciencia o el reconocimiento de nuestros instintivos impulsos primitivos.

ESTRELLAS Y PLANETAS

Los sueños del tercer nivel en los que aparecen planetas suelen transmitir el sentimiento de eternidad e inmutabilidad de la naturaleza.

Incluso en los sueños del primer y el segundo nivel es raro que las estrellas y los planetas aparezcan cargados de connotaciones negativas, si bien hay quienes los interpreta como símbolo de la insignificancia de la vida humana frente a la inmensidad de las fuerzas impersonales del universo.

En ocasiones, la mente soñadora se vale de los planetas para transmitir un mensaje metafórico a partir de sus vínculos con la mitología, de ahí que Marte se asocie con la guerra, la pasión y la ira; Venus, con el amor y el erotismo; Júpiter, con la plenitud, el placer y el bienestar; y Saturno con la sabiduría, la masculinidad y, a veces, con el dios Pan o el diablo.

Los planetas suelen aparecer en sueños por separado, pero en aquellos casos en que se da más de uno a la vez, su yuxtaposición suele revestir un significado muy

ESTRELLAS
Además de simbolizar el destino y los poderes celestiales, las estrellas pueden representar los estados superiores de la consciencia. El hecho de que una estrella brille más que el resto puede simbolizar el éxito en una competición con los demás, aunque también puede ser un recordatorio de la responsabilidad que tenemos con los que están menos capacitados que nosotros.

especial. La presencia conjunta del Sol y de la Luna simboliza la relación entre el consciente y el inconsciente, lo racional y lo irracional, de igual modo que Saturno y Venus juntos representan la relación entre lo masculino y lo femenino.

LA LUNA
La luna suele representar la dimensión femenina de cada cual, la reina de la noche y el misterio de lo oculto y lo secreto.

EL SOL
El sol se asocia con lo masculino, el mundo de lo evidente, la consciencia, el intelecto y la figura del padre.

LOS COMETAS
Suelen simbolizar los éxitos pasajeros seguidos de una rápida caída e incluso de la destrucción, aunque también pueden ser un signo de inspiración.

CÓMO ANALIZAR LOS SUEÑOS

El primer paso para analizar los sueños consiste en recordarlos, si bien son muchos los que afirman no recordar nunca los sueños, e incluso hay quien sostiene que no sueña nunca. De todos modos, con un poco de práctica y método es posible recordar los sueños al despertarse por la mañana.

Recordar los sueños se convierte en un hábito, que además puede cultivarse. La mejor manera es decirse a uno mismo durante todo el día que seremos capaces de recordar lo soñado y, una vez despiertos, centrar el consciente en todas aquellas ideas o pensamientos que han aflorado mientras dormíamos y dejar que vayan evocando, a su vez, otros recuerdos.

El llevar un diario de sueños permite hacer una imagen detallada de la vida onírica. Para ello, se ha de intentar anotar, o dibujar, todo cuanto uno sea capaz de recordar, y también las emociones o asociaciones que afloren al hacerlo. Hay que tener paciencia, pues pueden pasar semanas o meses antes de ser capaces de recordar de forma regular lo soñado; sólo hace falta un poco de perseverancia. Para acelerar el proceso, se pue-

de poner de vez en cuando el despertador unas dos horas después de la hora en que uno suele quedarse dormido. Así, con un poco de suerte nos despertaremos justo después del primer episodio REM.

Hay quien aconseja reunir por lo menos un centenar de sueños para dar tiempo a que afloren de manera más coherente los temas más comunes. Resulta siempre aconsejable buscar alguna relación entre lo soñado y lo vivido en la víspera, pero conviene recordar, en cualquier caso, que siempre habrá una razón que explique la presencia en sueños de cualquier acontecimiento, y que es probable que éste simbolice algo mucho más profundo de lo que se podría pensar en un primer momento. Por otro lado, los recuerdos que afloran de dichos acontecimientos suelen, a su vez, rescatar del olvido experiencias vividas hace mucho tiempo.

ESBOZAR LOS SUEÑOS

Una libreta donde esbozar lo soñado resulta básica a la hora de intentar recordar un sueño. Poner por escrito los recuerdos nada más despertar exige realizar un proceso mental que con frecuencia se interpone entre la persona que sueña y lo soñado.

«Vi una oruga peluda que se convertía en el teclado de una máquina de escribir. Las hojas de papel salían de la máquina salpicadas de relucientes gotas de lluvia, aunque no llovía. La oruga se convirtió entonces en una mariposa y salió volando. De repente, me encontré en medio de una tormenta mientras recogía la colada.»

La lluvia simboliza la purificación; la oruga y la mariposa, el despertar

Esbozar los sueños

En cambio, para realizar un esbozo no es preciso perder el contacto con el hilo de lo soña-do. El ejemplo que aquí se re-produce corresponde al sueño de una joven de quince años; en la página anterior figura su rela-to oral, sobre estas líneas se su-giere su interpretación y en la página siguiente se reproduce el esbozo que realizó la muchacha en su libreta de sueños.

EL ANÁLISIS
DE LOS SUEÑOS

La mejor manera de analizar los sueños es mediante los temas recurrentes que van apareciendo en el diario de sueños. Un buen modo de empezar consiste en clasificar el material onírico reunido en diferentes categorías, como por ejemplo escenarios, objetos, personajes, hechos, colores o emociones. Es importante no pasar por alto aquellos detalles que a simple vista puedan parecer poco relevantes, ya que con frecuencia son los que tienen un mayor significado.

Empiece seleccionando algún contenido perteneciente a cualquiera de las categorías y sométalo al proceso de asociación directa descrito por Jung (*véase* pág. 58). Anote el objeto, o lo que corresponda en cada caso, y todas las imágenes e ideas asociadas a él que le vengan a la cabeza. Intente concretar al máximo cada una de esas asociaciones: si en un sueño aparece un coche rojo, tal vez tenga más relevancia desde un punto de vista simbólico el color en sí que el hecho de que se trate de un coche. Haga lo mismo para cada uno de los símbolos que hayan aparecido en el sueño hasta completar todas y cada una de las categorías.

El análisis de los sueños

El análisis de los sueños

Si afloran pocas asociaciones, puede que el sueño opere en el cuarto nivel y sea un simple recordatorio de la trascendencia de algún hecho en nuestra vida. Por ejemplo, puede aludir a la necesidad de cobrar consciencia de cierta emoción.

Cuando el sueño contiene otro nivel de significado que va más allá de lo que detecta la asociación directa, es de gran ayuda recurrir a la asociación libre propuesta por Freud, en la que la mente dibuja libremente una cadena de pensamientos e imágenes a partir de un elemento concreto del sueño. Este método es perfecto para sacar a la luz recuerdos, anhelos o emociones reprimidas.

Si los recuerdos y las ideas que afloran en los sueños se limitan a meras asociaciones de carácter personal, lo más probable es que procedan de un sueño del segundo nivel, pero si tienen un valor simbólico arquetípico (*véase* pág. 65), lo más seguro es que afloren desde el tercer nivel. En el caso de los «grandes sueños», Jung recomienda, como un paso más a la hora de descifrar su significado último, recurrir a la amplificación (*véase* pág. 58), técnica esta en la que se establecen paralelismos entre los símbolos oníricos y la imaginería arquetípica almacenada en el inconsciente colectivo.

EL CONTROL DE LOS SUEÑOS

La capacidad de controlar de forma más consciente los sueños se manifiesta a través de lo que conocemos como «sueño lúcido» (*véase* pág. 31) y suele darse en personas que disfrutan de un gran poder de concentración y consciencia en el estado de vigilia. Existen varias técnicas encaminadas a facilitar la consciencia durante los sueños y, por consiguiente, a vivirlos desde la mente consciente.

La técnica de la reflexión consiste en preguntarse a uno mismo durante todo el día «¿Cómo sé que ahora no estoy soñando?», e intentar ser lo más preciso posible a la hora de contestarse.

El control de los sueños

Al hacerlo, resulta más sencillo reconocer un sueño de verdad y controlarlo. La técnica de la intención es una variante de la de reflexión y consiste en decirse durante todo el día que un determinado suceso del sueño será reconocido como tal por la mente soñadora consciente. Por ejemplo, si a menudo soñamos con caballos, trenes o escuelas, podemos convencer a nuestra mente consciente de que cuando aparezcan dichos elementos en los sueños nos avise de que estamos soñando.

Una técnica muy parecida es la de imaginarnos soñando con determinados elementos o situaciones corrientes, como subir unas escaleras, e intentar visualizarlos tantas veces como sea posible en el estado de vigilia. De ese modo, cuando la imagen elegida aparezca en un sueño, seremos conscientes de que estamos soñando.

También resulta de gran ayuda la autosugestión, que consiste en repetirnos una y otra vez justo antes de irnos a dormir que seremos capaces de hacer aflorar la consciencia en nuestros sueños.

Un enfoque algo distinto, empleado por diversas corrientes orientales, es el que Jung utiliza en su técnica de la imaginación creativa, y consiste en imaginar que soñamos

mientras estamos despiertos. Al hacerlo, nos internamos en un mundo onírico «virtual» en el que todo se ve como una ilusión creada por la mente que se puede cambiar a voluntad. Si recordamos sin cesar que ejercitamos dicha voluntad al tiempo que realizamos cualquier actividad en el estado de vigilia, podemos llegar a levantar un puente entre la consciencia del estado de vigilia y la onírica que dé lugar a un único nivel de consciencia que abarque el estado de vigilia, los sueños y el descanso sin sueños.

Otra técnica similar de control mental consiste en desarrollar el hábito de preguntarnos cada vez que recordamos un sueño por qué en el momento en el que tenemos un sueño diferente al resto no nos percatamos de que estábamos soñando.

Esta técnica de control mental nos permite recordar fallos a la hora de recordar un determinado sueño de modo que, en el

El control de los sueños

El control de los sueños

momento en que aparezca otro atípico, seamos conscientes de que estamos soñando y no se repitan dichos fallos.

Una gran parte de estas técnicas pueden emplearse conjuntamente para provocar el sueño lúcido, tal como sucede con otras técnicas más convencionales, como el diario de sueños o la meditación. De todos modos, un requisito imprescindible en cualquiera de ellas es la paciencia: no hay que desanimarse si se tarda un tiempo en alcanzar los resultados esperados.

Por otro lado, tampoco conviene exagerar. Al sueño lúcido se llega por un acto de voluntad, nunca por un empecinamiento obsesivo. Al igual que sucede con cualquier otra actividad creativa, el resultado se consigue a través de una mente concentrada, motivada y perseverante, pero al mismo tiempo relajada y sin presiones.

RESOLUCIÓN DE PROBLEMAS

¿Quién no ha oído alguna vez eso de que hay que consultar los problemas con la almohada? Aunque mientras dormimos el ego consciente permanece inactivo, una parte de la mente continúa dando vueltas a aquellos problemas surgidos durante el día, de manera que cuando nos despertamos nos encontramos a veces con la forma de solucionarlos.

En ocasiones, las soluciones las proporcionan los mismos sueños. Un célebre ejemplo es el del químico alemán Friedrich Kekulé, quien atribuyó el descubrimiento en 1961 de la estructura molecular del benceno a un sueño que había tenido.

Si en el momento de irnos a dormir visualizamos un acertijo o un problema matemático sin resolver, es fácil que a la mañana siguiente nos despertemos con una demostración fehaciente del poder de la mente soñadora a la hora de solucionar problemas. Y es que el hecho de plantear a la mente un determinado problema se traduce, a veces, en su resolución a través de los sueños.

Dicha resolución puede llegar directamente, sin filtrar, por medio de un símbolo.

Resolución de problemas

Resolución de problemas

En una ocasión, el químico ruso Dimitri Mendeleev, después de innumerables e infructuosos intentos de clasificar los elementos de acuerdo con su peso atómico, soñó con sus respectivos valores y, para su sorpresa, descubrió que todos salvo uno eran correctos, un descubrimiento que condujo a la publicación en 1869 de la tabla periódica de los elementos.

Cuando los sueños ofrecen soluciones simbólicas en lugar de literales, su interpretación resulta algo más dificultosa. El científico Neils Bohr identificó en 1913 el modelo del átomo de hidrógeno después de soñar que estaba de pie sobre el Sol y veía cómo los planetas orbitaban alrededor de él unidos a su superficie por medio de unos delgados filamentos. Las soluciones numéricas, en concreto, pueden adoptar una apariencia simbólica por medio, tal vez, de asociaciones que afloran de lo más profundo del inconsciente personal.

PESADILLAS
Los sueños ofrecen soluciones a los problemas psicológicos. Los relacionados con un estado de ansiedad ayudan a reconocer ciertas verdades sobre nosotros.

El significado original de *nightmare* («pesadilla») se refiere a un espíritu maligno que visitaba a las personas mientras dormían para seducirlas y poseerlas. El *mare*, o «demonio», se presentaba ante las mujeres con la apariencia de un íncubo (como reproduce la obra de Henry Fuseli, siglo XVIII, superior), y ante los hombres bajo la de un súcubo.

REFERENCIAS SOBRE EL TEXTO

LOS SUEÑOS Y EL DESCANSO

pág. 23 La fase de sueño REM fue descubierta en 1953 por los psicólogos estadounidenses Nathaniel Kleitman y Eugene Aserinsky, de la Universidad de Chicago. Diversos estudios llevados a cabo a principios de los años sesenta bajo la dirección del psicólogo estadounidense Frederick Snyder permitieron descubrir los cuatro niveles de sueño. A principios de los años treinta se observó que el movimiento rápido de los glóbulos oculares mientras dormimos estaba relacionado con los sueños.

SUEÑOS LÚCIDOS

pág. 31 Los estudios llevados a cabo por la científica estadounidense Jayne Gackenbach (nacida en 1946) en el terreno de los sueños lúcidos han demostrado que las personas que tienen este tipo de sueños resultan menos propensas a padecer depresiones y neurosis.

PRECOGNICIÓN Y PES

pág. 35 Hans Bender, de la Universidad de Friburgo, logró reunir una gran cantidad de sueños precognitivos contrastables. A su vez, Ian Stevenson, de la Universidad de Virginia, reunió toda una serie de sueños que presagiaban el hundimiento del *Titanic*.

NIVELES DE SIGNIFICADO

pág. 41 Mary Mattoon sostiene que existen evidencias de la existencia del inconsciente colectivo en otras ramas de la psicología, la lingüística y la antropología.

pág. 46 Los psicólogos británicos Anne Faraday e Ian Oswald, de la Universidad de Edimburgo, llevaron a cabo en los años setenta diversos estudios sobre el recuerdo y la amnesia en los sueños.

FREUD Y LOS SUEÑOS

pág. 48 Ernest Jones (1879-1958) es el autor que más ha escrito sobre las teorías de Freud acerca de los sueños. Trabajó en el desarrollo de las teorías freudianas, y entre 1953 y 1957 publicó su obra más importante, una monumental biografía de su maestro en tres volúmenes.

CAMBIO Y TRANSICIÓN

pág. 115 Los estudios llevados a cabo por los psicólogos estadounidenses Thomas Holmes y Richard Rahe permitieron descubrir que las personas somos propensas a padecer enfermedades físicas hasta dos años después de haber experimentado cambios radicales en nuestra vida.

RESOLUCIÓN DE PROBLEMAS

pág. 233 En su ya clásica obra *Sobre las pesadillas* (1910), Ernest Jones traza un paralelismo entre la creencia medieval en los demonios de las pesadillas y los postulados de Freud sobre los sueños. Así, descubrió que el íncubo no era más que una metáfora onírica del horror del hombre medieval ante la homosexualidad y el temor de la mujer a sus propias necesidades sexuales.

Referencias sobre el texto

ÍNDICE DE SUEÑOS

Índice de sueños

En este índice se reseñan los símbolos, las imágenes y las actividades de los sueños para facilitar su interpretación. Los números de página en **negrita** remiten a las entradas genéricas de la Guía de sueños, mientras que los que aparecen en *cursiva* remiten a las entradas individuales de dicho apartado.

Índice de sueños

Índice de sueños

ÍNDICE